"中国劳模"系列丛书

U0726765

商用车的装调工匠：
王建清

马也　李罡 / 著

吉林出版集团股份有限公司
全国百佳图书出版单位

图书在版编目（CIP）数据

商用车的装调工匠：王建清 / 马也，李罡著. ——
长春：吉林出版集团股份有限公司，2023.4
（"中国劳模"系列丛书）
ISBN 978-7-5731-3087-7

Ⅰ.①商… Ⅱ.①马… ②李… Ⅲ.①王建清－传记
Ⅳ.①K826.16

中国国家版本馆CIP数据核字（2023）第039600号

SHANGYONGCHE DE ZHUANGTIAO GONGJIANG: WANG JIANQING
商用车的装调工匠：王建清

著　者	马　也　李　罡
组稿统筹	东北师范大学文学院创意写作研究中心
撰写指导	余　弓
责任编辑	王丽媛　王　斌
装帧设计	张红霞

出　版	吉林出版集团股份有限公司
发　行	吉林出版集团社科图书有限公司
地　址	吉林省长春市南关区福祉大路5788号　邮编：130118
印　刷	唐山富达印务有限公司
电　话	0431-81629711（总编办）
抖音号	吉林出版集团社科图书有限公司　37009026326

开　本	710 mm × 1000 mm　1 / 16
印　张	9
字　数	100 千字
版　次	2023 年 4 月第 1 版
印　次	2023 年 4 月第 1 次印刷

书　号	ISBN 978-7-5731-3087-7
定　价	45.00 元

如有印装质量问题，请与市场营销中心联系调换。0431-81629729

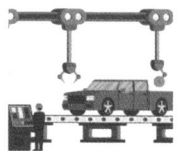

序言

　　劳动创造财富，劳动创造幸福，劳动创造未来。习近平总书记在2020年全国劳动模范和先进工作者表彰大会上的讲话中指出："全社会要崇尚劳动、见贤思齐，加大对劳动模范和先进工作者的宣传力度，讲好劳模故事、讲好劳动故事、讲好工匠故事，弘扬劳动最光荣、劳动最崇高、劳动最伟大、劳动最美丽的社会风尚。"当今世界，综合国力的竞争归根到底是科技人才和高素质劳动者的竞争。改革开放以来，我们强大的工人队伍用辛勤劳动和拼搏奉献推动中国制造、中国智造、中国创造走向世界的前列，新时代的中国面貌日新月异。大力弘扬劳模精神、劳动精神、工匠精神，加强高素质技能人才队伍建设，打造一支宏大的知识型、技能型、创新型劳动者队伍是伟大时代赋予我们的历史责任。

　　劳动模范是民族的精英、人民的楷模，是共和国的功臣。自改革开放以来，广大职工勇立改革潮头，独立自主，奋发图强，勇于创新，其中涌现出一批批全国劳模和大国工匠，他们参与建设了代表中国高度、中国速度、中国深度的一系列重大工程，提升了国家实力，打造了"中国名片"，树立了"中国品牌"，增添了"中国力量"，充分释放出工人阶级的创新活力，展示出大国工匠强大的创造能力。他们以工人阶级的满腔热忱在各自平凡的工作岗位上创造了辉煌的业绩，书写了新时代的壮丽篇章。

爱岗敬业、争创一流、艰苦奋斗、勇于创新、淡泊名利、甘于奉献的劳模精神，崇尚劳动、热爱劳动、辛勤劳动、诚实劳动的劳动精神和执着专注、精益求精、一丝不苟、追求卓越的工匠精神，是广大劳动群众在社会生产实践中锤炼形成的弥足珍贵的精神财富，是工人阶级伟大品格的具体体现，是民族精神和时代精神的生动体现。民族复兴需要劳动模范，祖国强盛需要大国工匠，中国制造、中国智造、中国创造更需要大国工匠的强有力支撑。劳模、工匠等的成长故事、先进事迹中承载的劳模精神、劳动精神和工匠精神，是激励全国各族人民团结奋斗、勇往直前的强大精神力量。

"中国劳模"系列丛书，采用图文结合的方式，讲述全国劳模、大国工匠和先进工作者的成长经历及他们追梦、筑梦、圆梦的故事，用他们在平凡岗位上创造不平凡业绩的真实故事感染读者，形成劳动最光荣、劳动最崇高、劳动最伟大、劳动最美丽的社会风尚，引导广大技术工人和青少年形成劳动光荣、技能宝贵、创造伟大的观念。

"匠心筑梦，强国有我。"新时代是万象更新、生机勃勃的时代，也是一个继往开来、创新创业和建功立业的大时代。希望广大读者能以劳动模范为楷模，以大国工匠为榜样，立志技能报国、技术强国，踔厉奋发，勇毅前行，锤炼思想品格，汲取劳动智慧，勇于担当、勤于钻研、甘于奉献，为推进新型工业化和乡村振兴，加快建设制造强国、质量强国、航天强国、交通强国、网络强国、数字中国、农业强国，为全面建设社会主义现代化国家贡献青春力量。

中华全国总工会副主席（兼）

中国航天科技集团有限公司第一研究院

211厂14车间高凤林班组组长

2022年11月

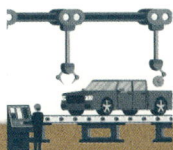

　　王建清，1971年生，湖北十堰人，现任东风商用车有限公司车辆工厂汽车装调首席技能工种师、东风商用车车辆工厂总装检测车间"王涛班"班长、东风汽车集团有限公司工会兼职副主席。

　　王建清生长于十堰一个穷苦的小山村，完成初中学业后前往驾校学习商用车驾驶技术，后于1990年3月入伍。作为一名炮兵通信兵，王建清在部队表现优异，于1991年9月光荣加入中国共产党。

　　1993年复员后，王建清凭借自己的驾驶经验被分配到东风汽车公司总装配厂担任汽车装调工。

王建清工作刻苦钻研、精益求精，逐渐从普通员工成长为东风汽车公司高级技能专家、东风汽车公司首席技师、湖北省技能大师，享受国务院政府特殊津贴。

2008年、2009年，王建清连续两年被授予东风汽车公司"劳动模范"称号。

2010年被授予湖北省五一劳动奖章、"十堰市劳动模范"称号。

2012年被授予"湖北省劳动模范"称号。

2014年被授予湖北省"最美一线职工"称号，荣获全国五一劳动奖章。

2015年被授予"全国劳动模范"称号。

2017年荣获"中国汽车工业十大工匠"称号。

2018年当选第十三届全国人大代表、中国工会十七大代表。

王建清始终工作在生产一线，在基层发挥着党员的先锋模范作用。他当选全国人大代表后，仍然扎根在工作岗位上发光发热。

目 录

CONTENTS

第一章　少年不惧路坎坷

与二汽结缘

十堰，坐落于湖北省，素有"南跨荆襄、北枕商洛、东抚南阳、西掖汉中"之誉，是响当当的车城。今天，人们多震撼于它江碧山青的壮丽美景，感叹于它车水马龙的通衢风姿，却鲜有人知道，十堰曾是古代犯人的流放之地，在鄂西北的深山密林中沉寂了千百年。直到20世纪60年代末，周恩来总理把中国第二汽车制造厂（以下简称二汽）的地址定在十堰。这个山沟小镇终于从沉睡中被唤醒了。

王建清几乎是与他的家乡一同"成长"起来的，他于1971年出生在十堰的一个小山村里，随着二汽一砖一瓦的建设度过了自己的童年时代。

王建清是家中的幺儿（最小的儿子），有四个姐姐和一个哥哥，而一家八口人吃穿用度的重担，就落在了王建清的父母身上。

王建清的父亲是生产队的队长，还是一名中国共产党党员。建设二汽厂房的指令刚一下来，他就领着生产队的队员们进行如火如荼的厂房建设。小小的王建清看着父亲每天早出晚归，觉得他是那么高大，仿佛有一身用不完的劲。

⊙ 上图　1978年，王建清（前排中）与家人合影
⊙ 下图　1990年2月，王建清（右一）在当兵出行前与家人合影

一天晚上，小建清忍不住开口向父亲央求："爸，你明天上工的时候，能不能带上我呀？"父亲扬起眉毛，说道："傻孩子，我们干的都是粗活累活，你要一起去，不怕吃苦？"小建清马上回答："我不怕！我就想跟着去看看。"

于是，第二天天蒙蒙亮时，嗒嗒的蹄声便在王家门口响起，一架驴车正准备前往七八公里之外的采石场。与往常不同的是，毛驴拉着的木板车上多了一个兴奋的小男孩，他瘦小的身影映在朝晖里。

风轻轻地吹，泥巴路两边的树枝、草叶晃动着，而来来往往的农民和工人从不停歇。他们有的往那头赶，有的往这边迎，有的和小建清的父亲一样赶着车，有的则用肩膀挑着一担担石头。

山沟沟里崎岖得很，小建清跟着父亲颠簸了一路，再加上日头渐渐毒了起来，他虽然没干什么活，却也觉得浑身酸痛、饥肠辘辘。忽然，父亲好像读懂了他的心思似的，回头问他："建清，是不是饿了？爸爸带你吃包子去哇？"

肉包子！这可是只有过节才吃得到的东西。热腾腾的包子捧在手里，香味直往鼻子里钻。当时小建清心想，要是每年家里能多吃几次肉，那该是件多么幸福的事情！那天的肉包子的味道，王建清直到长大了还记得清清楚楚。

终于，二汽的厂房在建设者们日日夜夜的奔忙下顺利竣工。父亲告诉小建清，曾经他也有机会进入工厂，成为二汽的一名工人。但他想到自己身为共产党员，带领社员们一起致富是更重要的事情，所以放弃了二汽的工作，专心在生产队当着小队长。在小建清跟着父亲采运石料的这段时间，"二汽工人"早已成为小建清心目中一个闪闪发亮的光荣称号，他对工人家庭充满了羡慕。

"你后不后悔呀，爸？"小建清总是缠着父亲问。父亲也有耐心，每次都先是平和地笑笑，然后摇摇头作为回答。父亲不知道，小建清自己也不知道，他和汽车、二汽或许在当时就已经悄然结缘。

来自泔水桶的食物

父亲作为生产队队长，头衔看似光鲜，然而日子却并不好过，小建清的母亲同样肩负着全家人吃饭、穿衣的开支和六个孩子的学费。从一枚分币到一张粮票，母亲都想尽了办法，能挣则挣，能省则省。

小建清不止一次地看到母亲在田间地头和男人们干着一样的活，扛土坯、挑大粪、搭架子，她都能干。每次，她都能拿到十个工分的满分。

虽然小建清很佩服母亲的要强，但年幼的他却懵懵懂懂，不知道母亲为什么一定要挣这十个工分。后来他才明白，生产队里年终分红的时候，每天挣的工分越多，能够得到的分红就越多。

而小建清家兄弟姊妹多，家里生活格外拮据，这工分是母亲不得不去挣的。

　　母亲最棘手的难题是家中每天有八张嘴等着吃饭。小建清和哥哥姐姐们吃得最多的就是苞谷糁子和红薯面，手工磨的面很粗糙，吞到嗓子眼——面食转了好几圈——都咽不下去。

　　然而有一天，母亲破天荒地把一盆肉菜汤端上了饭桌。小建清见了满眼放光，嚷道："妈，今天怎么有肉吃了？"母亲用手巾擦擦汗，没说什么，只是让孩子们多吃点。

　　虽然汤里的肉不多，但漂浮的油星能给小建清带来"开荤"的满足。天真的他对母亲说："妈，真想天天都能吃到肉，哪怕是一点儿肉末也好呀！"从那以后，家里的饭桌上时不时就会出现一些肉菜。小建清吃得高兴，但对于母亲到底是怎么弄到这些食物的疑问，也常常盘旋在他的心里。

　　一天，他和小伙伴一起在二汽周围玩耍，嬉闹到了工厂食堂边的角落里，看到有个身影正弯着腰，在一个桶里翻拣着什么。是妈！他这才意识到，原来那些用来改善家人生活的肉和青菜，竟然是母亲从倒在泔水桶里的剩饭菜中一点点捡回来的。小建清顾不上伙伴，跑到母亲面前，"妈，你别在这儿找了，多脏啊！"母亲显得有些窘迫，轻轻说："孩子呀，这些拿回去洗洗还能吃，不然浪费了，多可惜啊。"

　　这天的汤里又见到油水了，哥哥姐姐们欢天喜地，小建清却格外沉默。晚上，他左思右想，脑袋瓜里闪出了一个好主意：

⊙ 2006年，王建清（后排左一）兄弟姐妹六人与父母合影

"妈，等我长大了，多挣钱，一定让你天天吃肉，干吗捡别人丢掉的呢？"小建清的话让母亲顿感温暖，"那你要听话，好好学习，争取考上大学，有出息了，才能挣工资。我去捡别人丢弃不要的，又不是偷，怕什么？咱们虽穷，但有志气。"

小建清被母亲的这番话深深触动了。他躺在床上，身旁的母亲仍在缝补着家人的衣服，桌前一盏煤油灯在黑夜中摇曳着朦胧的光。小建清想到，每天早上自己醒来的时候，天刚蒙蒙亮，母亲就已经在家里忙开了。她不仅要在孩子们起床之前备好早饭，还要到田里抢着干各种农活，一天都不偷懒。文化程度不高的母亲，就是这样勤勤恳恳地凭借着自己的辛苦劳作撑起了这个家呀！

小建清的母亲虽然只是平凡的农村妇女，却用行动教育他：要做一个要强、诚实、勤劳的好人。

"三道杠"与红领巾

尽管家里拮据，但父母依旧让哥哥姐姐们都至少念完初中，王建清也不例外。父母常常教导王建清，上学要好好学习，将来考上大学，成为大学生，当科学家。所以初进学校的小建清，愿望已经不像"多吃几顿肉"那么简单了。成为大学生，走出穷山沟，这个梦想如同一粒小小的种子，扎根在王建清的心里。

那时的小学是五年制。在学校里，如果谁不好好学习，考试成绩差，就意味着他要"留级"。而要是五年级的毕业考试成绩不好，初中就录取不了，他就只能继续小学在复读，就像现在的高考落榜一样。这在当年是极没有面子的事情，不仅学生回家要挨骂甚至挨打，父母还要受人嘲笑。

而小建清从一年级到五年级，总是能够谨记父母的叮嘱，上课时认真听讲，笔记也写得勤，他把老师讲解的内容一字一句地吸收到脑海里。小建清不光在学校用功，每天放学回家的第一件事就是拎着篮子下田去打猪草。小建清的刻苦得到了回报，他每年期中、期末考试总是能考进前几名。当小建清在全班同学面前从笑吟吟的老师手中接过铅笔、本子等奖品时，别提他有多神气了。

刚进学校时，小建清看到有的同学胳膊上别着鲜红的臂章，有一道杠的，还有两道杠、三道杠的，这让他觉得很新奇、很特别，他看着这些同学昂首挺胸的模样，心里有些痒痒的。老师告诉他，一道杠的是小队长，两道杠的是中队长，而三道杠是大队长，也是学校里品行最端正、学习最优秀的学生。听了老师的话，小建清暗自打定主意，要把"三道杠"当作追赶的标杆，铆足了劲向"三道杠"靠拢、学习。

然而，要想成为戴臂章的"三道杠"，首先得是少先队员才行。小学里选拔少先队员对成绩有着很高的要求，小建清的学习成绩却总是起起伏伏，时而很靠前，时而又后退几名。所以，他直到四年级时的六一儿童节前夕才加入了少先队员的行列。尽管在五年制的小学教育下，小建清那时已经没有机会戴上"三道杠"的臂章了，但当五星红旗冉冉升起，他把右手高举过头顶敬队礼、胸前的红领巾迎风飘动时，一股自豪和激动的暖流还是从他的心底汩汩涌了上来。

播下勤劳的种子

王建清还在读小学时，就体现出了其他同学少有的品质——不懒惰、爱劳动、会干活。建清从小受父母勤劳肯干的影响，什么脏活累活都能全力以赴。

当年的学校，每到周末都要开展大扫除。同学们怨声载道，唯独建清干得最起劲、最卖力。不管是教室的门窗玻璃、桌椅板凳，还是学校操场、厕所楼梯等，分给他的卫生区域总是最先被打扫干净，每次检查都是一遍通过。就这样，小建清虽然学习成绩不够拔尖，没有被选为班长，但凭借出色的劳动能力和抢着干活的品质，光荣地被选为劳动委员，正式成为班委一员。

成功通过小升初考试的建清，把他对劳动的热爱和执着带进了初中校园。在建清读初中时，有一年东北大兴安岭的几处林场起火，大面积的树木被烧毁，林区的森林资源和生态环境遭到了严重破坏。

⊙ 1985年，初中二年级的王建清（后排右一）和同学游玩

接到支援大兴安岭林区重建的通知，学校号召同学们上山搜集树种，准备寄往东北。建清一听灾区需要援助，马上来了干劲，抄起竹筐就往深山的树林里钻，连着一个星期也不知疲倦。

枝头的鸟鸣悦耳，建清无心聆听；山上的蚊虫扰人，建清无暇多顾——他正聚精会神地寻找着圆滚滚的橡子和塔状的松果。建清往山里跑了一趟又一趟，树种收集了一筐又一筐，他的脚上磨出了水泡，胳膊被枝子划伤了，他还被虫子叮了许多个肿包。但建清丝毫不在乎，他太想为那片遥远的黑土地上的人们做些什么了。

一周之后，全班数建清上交的树种最多，他也因此得到了老师的表扬。但经过东北林学专家的再三检查鉴定，发现孩子们捡拾的松树、桦树和栎树种子大多不是修复大兴安岭森林资源的最佳树种，便按原样归还给了同学们。

建清领回自己费尽心思寻到的一筐筐树种，不免有些失落。虽然惋惜，但他并没有将这些种子随手丢弃。他再次钻进了树林，只不过这次是把筐子里安静卧着的一枚枚劳动成果送归大山。建清把橡子和松果撒向泥土的怀抱，心想：这些种子即使无法抵达苍翠峻峭的大兴安岭，但如果能够扎根在十堰的山沟沟里，长成一棵棵挺拔的树，不也同样具有价值和意义吗？

再见，大学梦

中考成绩出来了，建清的分数距离上高中差了10分。两百来分的成绩不仅映在建清的眼里，也刺进了他的心里。

建清刚上初中时成绩不错，但在初中二年级的下半学期以后他的思想却开了一些小差，不像从前那样一门心思扑在功课上了，还出现了偏科情况。建清擅长的是文科，语文、地理、历史等科目的成绩一直比较稳定，但像数学、化学之类的理科，各种各样的数字、字母和方程式像蚂蚁一般在纸上密密麻麻地爬动，让他一看就头疼。

班主任李老师找到中考失利的建清，和他几次促膝长谈。站在李老师面前，建清的脸火辣辣的，窘迫又惭愧。但李老师并没有责怪建清，而是耐心地对他说："王建清，你这个孩子的底子其实不错，作为老师，我在考虑，想让你留一级，给你换一个班。你只要认真地学，我相信你一定能考上高中，去完成你的人生梦想。这样，你回家商量一下，如果家里同意，你就重读一年。"建清听了这话，一阵激动，"真的吗？老师，我一定会好好学习，不辜负您的期望！"

建清满怀憧憬地跑回家，把李老师希望他重读的想法告诉了母亲。没想到，母亲沉思后的回答就像一桶冰水兜头浇下来，浇灭了他刚刚燃起的希望，浇得他浑身从里到外都透心凉。

母亲说："在我们村里从来没有学生留级，学习都是各凭本事、各自努力。我们家有六个孩子，你二姐和三姐都考上了高中，成绩都很不错。如果你也考上了，我能继续供你读书；但你没有考上，那么你就得认命，得为自己的顽皮和懒散付出代价。从今以后，你就回村里生产队和我们一起挣工分，这样的话，我们家人多，劳动力也就多，要不了多久，我们家也能成为万元户家庭了。"

那晚他躺在床上久久无眠，屋外大雨无情地从高空下落，家里的土坯房房顶抵挡不住滴落下来的雨水而开始渗水，建清盯着天花板，分不清眼角的湿润究竟来自渗漏的雨水，还是不小心流出来的泪水。

他想到，二汽工厂里工人叔叔住的楼房是多么坚固和漂亮，就算外头的雨再大，屋内也不会落下一滴。他也想考上高中和大学，谋一份好工作，让家人住上楼房，过上体面的生活，吃得饱，穿得暖，再也不用挨饿受冻。

他又想到，他曾经在邻居家的电视里看到过大学举行辩论赛。那些大学生辩手个个能言善辩，自如地展露着思想的锋芒。他们破题和立论的思维方式，是建清梦寐以求的。如果他能走出大山，到北京、上海、武汉那样的大城市，去北大、清华那样的名校，就可以像那些优秀的大学生一样，学习许多专业的知识，并且通过辩论赛来提升自己。

因此在建清的心中，一直埋藏着读高中，考大学，用知识改变自己、改变家庭、改变人生的梦想。

但是现实就是现实。没有考上高中，建清就只好接受母亲的安排，回到村里务农。建清的大学梦像一个肥皂泡，在他十五岁的时候破灭了。

然而倔强的建清是不会服输的。路要靠自己走，自己没有珍惜读书的机会，就怨不得别人。未来没有定论，他必须坚持走下去，抓住此后的每一个机会改变自己。他握紧拳头下定决心，即使是在生产队里当一个小小的队员，他也要做最肯干、最卖力的那个。

卖菜的小行家

1986年11月，建清被安排到村里的一个生产队干农活。

农村生产队的工分是要凭劳动赚的，就像现代企业里的按劳取酬，一个人每天获得的工分报酬和他的劳动能力是相匹配的，类似建清父亲那样的男劳力满分为10分，女同志满分为8分，而像建清他们这些年龄尚小的孩子满分就只有4分。

建清个头小，初中毕业的他身高还不到一米六，那些要扛要搬的重体力活他和伙伴们都干不了，只能跟着一些上了年纪的爷爷奶奶去田里拔草，或是在地里的菜成熟的时候，拎个筐去摘豆角、茄子、辣椒，干些力所能及的事。

刚走出学校来到生产队的时候，建清还能接受自己干满一天给4分的待遇，毕竟初来乍到，应当服从管理、接受现实。可偏偏建清从小就有一股不服输的韧劲，不愿意向4分的标准看齐。于是，建清为了能用最快的时间赶上那些每天挣10分的壮劳力，他一做完自己分内的事就挤进他们的行列里，去学、去看、去练。一整筐土坯太沉了，建清就扛半筐，来回多跑几趟；不会搭豆角架子，建清就在一旁默默观察，很快就学会了。比起挣到那10分的工分，建清更多的是想证明自己的能力，为村里做出贡献。

三个月过去了，建清的身板越来越结实，会干的活也越来越多。生产队的干部看着这个能吃苦，脑筋转得也快的男娃，心里很喜欢。一天，队长找到建清，对他说："王建清啊，你这段时间在队里干得不错。我看你脑子机灵，以后咱们生产队卖菜算账的任务就交给你吧！"建清听了喜不自禁，这说明他的能力被大家看到了、得到了认可，高兴之余，他便马上开始了卖菜的劳动。

那个年代的生产队卖菜不像现在有固定的菜市场，而是每个生产队分配有两三架板车，一个卖菜组领取一架板车，将清早刚摘下的蔬菜装到各自的板车上，再把这一车的菜都卖完。

建清所在的卖菜组除了他就是两个年纪稍大一点儿的女同志，他是专门负责收钱的。由于才从初中毕业没多久，卖菜时一来一往的加减计算对建清而言不在话下，他总是干得又快又好。

建清在卖菜岗位上的辛苦付出让他收获颇多。现在他只需要瞧上一眼就能知道，像青椒、茄子、西红柿、豆角、冬瓜这些蔬菜，哪些是当地农民种的新鲜蔬菜，哪些是从外地运进来的季节蔬菜，哪些又是在大棚里种出来的反季节蔬菜。

不仅如此，建清在卖菜时会见到有的商贩在秤上动手脚，占顾客的便宜，因此商贩和顾客发生口角也是常有的事。每到这时，建清心中的诚信品质就更坚定一分。即便有时顾客看秤不太仔细，也不会特别仔细地清点找回的零钱，但建清从不缺斤少两，并会把零钱准确地找给顾客们。

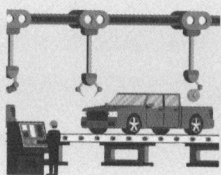

第二章　驾校军营绽青春

峰回路转进驾校

在生产队干了挺长一段时间，村里的人和建清也越来越熟络。一些认识建清父母的叔叔阿姨在二汽工厂做工，他们对这个勤劳、踏实又聪明的孩子十分关照，有机会就找到建清的父母，说："这孩子还小着呢，不能让他就这么在生产队里一直干下去。还是让他多学习学习吧，哪怕是学门技术也好啊。"父母看着不远处的建清，他正费力地挑着一百五十斤重的蔬菜。父母虽然一时没有应承，但他们眼神里流露出来的心疼却是藏也藏不住的。

在1988年的年底，母亲把圈里的两头猪卖掉了，前前后后凑齐了2800块钱塞进建清的手里，"拿好了，这是你去驾校学习的学费"。建清彻底呆住了，他长到十七岁，从来没有见过这么多的钱呀！2800元，在那时足够买台大彩电了，也能买十几辆自行车，或是十几只手表……

"妈！你和爹，你们，你们准我继续学习吗？"建清过了好一会儿才反应过来，连话都说不利索了。

母亲只是简单地说："既然高中没有念成，那就去学开车，掌握一门技术吧。"

建清被父母的苦心深深感动了,但仍然放心不下,"那,那咱家的万元户梦想……"

母亲答得干脆:"咱家里姊妹多,再多养几头猪一样可以成万元户。开车是一门技术,你可要珍惜,要好好学。"

建清初中毕业在村里当了快两年的农民,每天风吹日晒,吃尽辛苦,切切实实地体会到了农民的艰辛与父母的付出,怎么会不珍惜这来之不易的学车机会呢?更何况,在20世纪80年代末,汽车驾驶员是一个非常吃香的职业,有许多人都愿意去给单位当司机、跑运输和开中巴,这让建清对在驾校学开车的机会越发珍视。

在驾校的六个月,除了2800块钱的学费之外,每个月还要交45块钱生活费、27斤粮票,吃住都在学校里。每个星期一到星期六,学员都在驾校封闭学习,星期天则能够回家休息一天。

后来成为一名汽车人的建清不止一次地想,上天似乎早已在冥冥之中安排好了这一切,他今生注定要与车结缘,注定要走进车这个行业。

闯练出真知

当时乘用车对于广大老百姓来说还是一件奢侈品，一般驾校里培训的都是商用车驾驶员。到了驾校，建清依旧是最认真、最刻苦的学员。驾校总共有11个培训班，建清在9班，一个班大概有14人，每天保养车辆时，建清总是第一个赶到现场。

驾校每天的学习分为理论教学、汽车基础教学和汽车构造理论三部分。学习理论知识一个月以后，学员才被允许先熟悉车辆，再进行实践学习。最开始，学员要在静止停放的车上，熟记车辆构造，然后再慢慢了解方向盘、挡位、油门和刹车等部件的操作方法，以及车辆的保养方法。学员全面掌握了有关车辆驾驶的知识和方法后，才能真正开车上路。

别看王建清现在是汽车行业的高技能专家，他头几次上路时也难免会出现失误。

十堰是座山城，当年的道路几乎都是山路，坑坑洼洼的，对新手而言很具有挑战性。第一天坐在驾驶位，师傅对建清和同学们千叮咛万嘱咐："开车一定要特别注意，在会车的时候，要靠右边行驶，礼让来车。"

建清牢牢记着师傅的话，在窄窄的山路上开得极为小心。忽然，对面传来喇叭的"嘀嘀"声——有辆车正朝着建清的方向开过来。对面的驾驶员一定是个老手，因为他丝毫没有放慢车速。建清紧张极了，赶忙按照师傅所说的将自己的车往右边靠，给来车让出一条道来。没想到，建清一紧张，脚下油门没掌握好力度，车身斜冲了出去，轮胎陷进了路边用来排水的边沟，整辆车都往一侧歪了。

建清没辙，只得不好意思地把师傅找来。所幸边沟不深，师傅三下两下就把车子开回到正路上来。师傅笑着拍拍建清的肩膀说："没事，刚学车出现失误很正常。你这小子，虽然一下子慌了手脚，但规则还是记得很清楚，不错。"

在驾校里，建清不仅踏踏实实地跟着自己班上的师傅学，还时不时向学得好的同学和其他有经验的师傅讨教取经。有一次，他听一名老师傅说，为了安全起见，平时开车应该把油门踩到一半或更低为宜。

建清把这一点记在了心里，严格地遵守着这条规则。一天培训的时候，学员们需要把车开上陡坡。轮到建清时，他也和往常一样把油门踩到一半，结果车子慢吞吞的，爬起坡来格外艰难。坐在副驾驶的教练很奇怪，就换别的学员来开试试，结果别人开的时候，车就很快地爬上了坡；换成建清，车又回到了不紧不慢的状态，像老牛拉车一样没有动力。教练侧脸一看，找到了问题所在，让他加油——车子这才成功爬上了坡。

建清恍然大悟：给油的大小应该视驾驶时的路况和行驶状态而定。车靠的是动力输出，给发动机的油越多，车子就跑得越快。在平坦的路面行驶时，为了控制安全车速，可以使用中油门；而在爬坡的时候，就要用大油门给车辆以足够的动力，不然车就容易熄火。

其实，油门给得高低，是要根据实际路况来决定的。这次的"爬坡事件"，让建清深刻地明白了，做什么事都不能认死理、一根筋，要学会独立思考，灵活地应对各种状况。

整整六个月的驾校学习，让建清从理论和实际操作上对汽车有了真正的了解和认识。在驾校里学到的汽车基础知识和专业汽车理论，为建清后来进入东风汽车公司的总装配厂，成为汽车装调工打下了坚实的基础。

入伍"跃龙门"

王建清从驾校毕业后，正好赶上国家春季征兵。有人告诉他，在部队也可以报考军校上大学。这个消息像一缕春风，一滴甘霖，或一点火星，王建清心底沉睡许久的大学梦忽然被唤醒了。他没有多想，当即提交了参军的报名申请。

没考上高中一直是王建清心中一道过不去的坎，而他现在要抓住当兵的机会再考上大学，弥补自己学历上的不足，回到他一直向往的人生赛道上去。

满怀着激情和壮志的王建清，在接受兵检时，却有些忐忑和紧张。王建清的身材不高，脱掉鞋子测，只有一米六八左右，如果能被选中去当兵，是件特别不容易的事情。在验兵的过程中，王建清格外地努力，积极展示自己的长处。

关关难过关关过，就这样，王建清过了体检关，过了政审关，最后终于到录取的时候了，部队需要和新兵的家长见面交流。

王建清把这件事告诉家里，母亲显得有些担忧："你现在去当兵自然很光荣，但万一以后要你上前线去打仗怎么办？太危险了。"父亲作为一名老党员，沉吟片刻后开口说："咱们建清参军，是想为他自己和整个家的未来而打拼，同时也是为国家担负起一份责任，我们做父母的不能拦着。"

第二天，父亲带着签上名的同意书，陪着王建清到了武装部。于是，1990年3月，王建清光荣地穿上了迷彩绿军装，背上了背包，正式入伍，成为一名炮兵连的通信兵，开始了王建清十分珍惜的军旅生涯。

工作后的王建清在回忆自己的人生经历时，非常庆幸自己能够入伍、在部队里接受锻炼，这是他一辈子都不后悔且终生难忘的一段经历。

⊙ 1990年，应征入伍出发前的王建清与侄子、侄女、外甥合影

初生牛犊在军营

部队是大熔炉、大学校，严明的纪律要求新兵一切行动听指挥，积极主动参加各种学习，接受思想和行动上的双重历练。

在部队生活里，给王建清留下最深印象的是每周五公里的越野拉练。越野是部队里的必修课，分为徒步越野和武装越野。徒步越野是部队需要急行军的时候，什么都不带，就背个背包、挎个水壶、系条腰带，去跑五公里，看谁的速度最快。而背上诸如冲锋枪、手榴弹等等战斗物资的，叫作武装越野。

入伍后不久，部队举行了第一次新老兵混合编组越野跑。整场比赛，比的是绝对速度，赛的是意志品质。王建清更是在新兵中脱颖而出。五公里说短不短，王建清撒开腿就跑，翻过了一个个山坳，蹚过了一条条小溪。因为曾经在生产队里干过体力活，这点强度的拉练对他来说不在话下，他很快就抵达了终点。

没等王建清反应过来，一个老兵就上前夸赞道："你这个新兵是哪个班长带出来的？第一次拉练居然就能在全连五六十号人里跑进前五名，优秀得很哪！"旁边围观的战友也纷纷附和，说这小伙子真不错。

听到这些夸奖，别提王建清心里多激动了。从那以后，王建清有了事事都要做标杆、争第一的心气和韧劲。

在新兵连里，新兵不仅要进行越野训练，还要学习射击和投弹。新兵刚学射击时，首先从拿枪射击的站姿、卧姿、跪姿和握枪这些基本的知识开始训练，还要在枪的前面吊一个沙袋来锻炼手臂的稳定性。

最后，每个新兵都要接受三发和五发子弹的射击考核。前边战友手抖的手抖，脱靶的脱靶，轮到王建清时他却格外沉着冷静。"砰、砰、砰"，三声枪响后，王建清打出了27环的好成绩；打五发子弹时，王建清更是一下打出了47环。周围一片哗然，这可是极高的准头。战友们羡慕而钦佩的眼神落在王建清身上，一股暖流注入了王建清的心里。

渐渐地，王建清"神射手"的大名在连队里传开了。连长把王建清的表现看在眼里，也对他赞许有加，就决定派他去参加和其他连队的射击比赛。

到正式比赛了，王建清的心跳却莫名变得很快，仿佛在咚咚地打着鼓，就连握枪、卧倒和瞄准的姿势都有些僵硬。他转念想，自己平时训练一直都发挥得很好，这次也一定没问题。发令声响起，王建清火急火燎地扣了五次扳机，结果五发子弹打脱了两发，只有三发上靶。

连长走过来，对他提出了批评："王建清，你平时训练的时候击准率挺高，怎么这次参加竞赛就出现了这么大的失误呢？你要好好反思一下。要是放到战场上，可就不是输了比赛这么简单了。"

王建清很愧疚，归队后深刻总结了自己的问题。在他看来，自己对军事训练的态度还不够端正，有些盲目自信，日常训练也不够仔细用心。这次的教训让王建清记住了，作为一名军人，再平常的训练也要当成凶险的战场来对待，要时时刻刻保持紧张的状态和严肃的态度。

三个"一点儿"严律己

自从射击比赛发挥失常之后，王建清对自己的要求越发严格起来。在部队里，作为一名积极向上的士兵，就要在日常训练中做到集合早一点儿、站得直一点儿、声音大一点儿。

集合早一点儿是什么意思呢？王建清所在的连队每天都会全体集合两三次，清早六点起床哨吹响时，要第一时间站到操场上准备晨跑；深夜十二点甚至是凌晨两点紧急集合哨响时，必须立即从被窝里爬起来赶到集合地点。每天在操场上等待的，总有比一般士兵更早的带队连长、指导员、排长和班长，而一个士兵的集合速度，就决定了他在打仗时能否冲锋在前、能否敢为人先。

站得直一点儿，则是在做立正、稍息和停止间转法等等动作的时候，胳膊、躯干和双腿都要挺得笔直。在部队要求的时间内站好、站直、站正，站出精气神来，不给自己所在的排列丢脸。

声音大一点儿，顾名思义是喊口号时的声音要足够洪亮。作为一名军人，声音就代表了他的气势，也代表着战场上的斗争精神。从行军时喊的"一二一"到跑操时喊的"一二三四"，再到连队之间拉歌的口号，都要把自己最大的音量放出来。

好强争先的王建清就养成了这三个"一点儿"的习惯。每当听到集合哨声，不管是烈日当头还是天寒地冻，他总是站到队列的最前面。指导员来连队里检查过好几次，发现回回冲在最前面的都是王建清，笑道："嘿，这小子行啊，哪个排哪个班的？每次出操他要不就是前三前五，要不就是第一名，很不错。"

而无论是连队集合，还是内务打扫，王建清都力争做最优秀的那一个。部队里的内务标准是出了名的严格，被子要又快又好地叠成一个四四方方的"豆腐块"，床铺从头到尾、从晨起到熄灯都要保持一个模样，鞋子、盆子、书柜、洗手台都要整理得井井有条……然而内务标准再严格，也不如王建清对自己的要求严苛。王建清要求自己，连长无论在什么时候进入寝室检查，自己的内务状况都必须在连队里做标杆做表率。而王建清并不只是"独善其身"，他还主动帮助室友们去达到这些内务的要求，谁的鞋子没对齐成一条线，谁的漱口杯摆得歪了，谁的书柜没整理好，他都能细心地发现并提醒，带领身边的士兵和他一起向优秀迈进。

那时，经常有外地部队的首长和士兵来王建清所在的部队参观。20世纪90年代，王建清和战友们住上了两层或三层的楼房。为了让自己部队的营房更整洁，王建清把训练的空余时间充分利

⊙ 1991年，当兵的王建清

用起来。他号召室友们利用早中晚的休息间隙来清洁地板，扫把
拖把、抹布刷子、肥皂洁厕灵齐上阵，大家里里外外干得不亦乐
乎。

在王建清和战友们勤劳的打扫下，他们寝室的走廊和洗手间
始终保持着干净整洁。不管任何时候，来部队里参观的其他首长
也好，士兵也好，只要到了王建清连队的营房，都会赞叹地竖起
大拇指。这段经历使王建清的心中树立了一个信念——凡是组织
的、部队的，乃至参加工作之后企业的要求，都要做到最优、做
到极致，要做就做标杆，要争就争第一。

比武获嘉奖

1991年9月，王建清正式成为中国共产党党员。

早在入伍之前，王建清就认为加入中国共产党是一件无比光
荣而神圣的事情。他的父亲就是一名老党员，父亲对自己儿时的
言传身教，王建清一直牢牢记在心底。

对于像王建清一样的义务兵来说，服役的三年时间到了之
后，能够在第三年凭借自己的优秀表现加入中国共产党，是每一
个参军人共同的奋斗目标。而王建清在部队里格外突出的表现让
他在入伍的第二年就成了中国共产党的预备党员。

那一天阳光正好，晴空万里。操场上挺立着许多穿绿军装的

士兵，其中就有王建清。铿锵的《国际歌》从喇叭里徐徐响起，王建清郑重地将右拳举过肩头，念出庄严的誓词。

他从此就是一名光荣的中国共产党预备党员了！王建清向鲜红的党旗投去激动的目光，同时更感到仿佛有沉甸甸的责任落在了他的肩膀上。他已经不再是普通人，不再是普通群众了，他从此就要事事抢在前头，为人民服务，怀里揣的党章就是用以规范自己一言一行的律令。

建清握紧拳头，暗暗下定决心今后要时刻按照党员的标准来严格要求自己，遵守党的纪律，保守党的秘密，争取早日成为一名合格的共产党员。

过了没多久，连队的指导员忽然找到了王建清，跟他谈心。

指导员拍着建清的肩膀，说："你还这么年轻，当兵第二年就成了预备党员，那在第三年，也就是最后一年，你有什么目标和期望吗？"

王建清自然是在任何事上都要闯一闯、练一练的，他马上问指导员："您的意思是，我还可以有更高的目标吗？"

"当然可以，比方说立功啦、获奖啦，还有提干等等。你不要觉得只有在战场上救人牺牲才能立功，我们部队有个当了五年兵的炊事班战士，就是因为在部队种菜养猪干得特别好，为解决连队的生活问题做出了贡献，后来荣立了三等功。"

"可我只是一个普通的士兵，并没有这样的机会，要怎么办呢？"王建清犯了难。

"你还有你的专业技能呀，从现在开始好好练，明年军区的技能比武大赛就是你的机会。"指导员一语点醒梦中人。

王建清是通信兵，平时的训练就是军事密码的转译和速写。在战场上，为了防止敌人获得我方军队传送的信息，部队里都会用数字密码来代替需要传送的军情和指令。通信兵一旦接收到上级的指挥命令，就要迅速地转译成密码来传输给炮兵部队，让炮兵战士能把炮弹在第一时间发射出去，消灭敌人。

从那时开始，王建清便又和自己铆上劲了。他每天苦练速记速写密码的内功，白天写，黑夜写，走路吃饭时脑子里也在盘算，战友要是同他说句什么话，他都不假思索地报出对应的密码组。建清当真是"走火入魔"了，光是他写秃的铅笔头就慢慢积攒了百十来根。

一年后，军区部队的炮一师军事专业技能比武开幕了。王建清和其他参加比赛的士兵坐在小桌前，桌上摆着一根铅笔和一张白纸。建清握着笔，等待比赛开始的指令。台下乌泱泱许多人正注视着他，王建清的手掌微微冒汗了，心中也打起鼓来。他闭上眼，做了几个深呼吸，脑海里清晰地浮现出密码组的排列方式以及它们代表的意义。

"嘟——"比赛开始的哨声吹响，王建清手中的铅笔即刻在纸上飞速地写了起来。一时间，赛场上只有写字的沙沙声。一组、两组……复杂的密码组就像建清的母语一样，他几乎是条件反射般转译着一道道指令。

"王建清，21组！"当指令员高声念出建清的成绩时，全场哗然，排长和连长都露出了惊讶而赞叹的神情。通信兵部队为士兵们确定的标杆值是一分钟之内写到18组，而建清的21组不仅是这届比赛中速度最快的，还远远超过了标杆值。接着在下一个竞赛项目野外通信"明密"信息传输过程中，王建清再次发挥"闪译"特长，对方文字口令刚刚念完，这边数字密码已经零差错整齐排列。指挥官报过一组数字，王建清也能在指挥官话音落地的同时递上文字指令。

技能比武第一名毫无悬念地属于王建清，军区的首长亲自授予建清"尖子标兵"的称号和三等功勋章，一颗鲜艳的红星在他胸前闪着明亮的光芒。

1993年1月，王建清从部队退伍了。在退伍纪念册中，营部教导员给他的寄语是："部队建设的功臣，改革开放的闯将。"这句话不正是王建清在军营挥洒了三年青春汗水的最好写照吗？

第三章　乘上迅疾东风

入职成为"汽车人"

王建清退伍后回到了家乡，准备接受工作安置。

十堰民政部门的工作人员问他："你有什么特长？想干什么类型的工作？"

这话唤醒了王建清尘封已久的记忆。他想起儿时的自己在父亲的驴车上颠簸，对二汽心生向往，他想起自己在驾校学习的六个月，对汽车的零件构造就像和亲兄弟一样熟悉……

"我会开车，只要能让我到工厂里开车就可以了！"王建清连忙答道。

就这样，王建清如愿以偿地被分配到了东风汽车公司总装配厂，成为一名汽车装调工。没想到，这一干就是整整三十年。

二汽的全称是第二汽车制造厂，在新中国汽车工业的发展历程中留下了浓墨重彩的一笔。我国的汽车工业直到1953年才正式发展起来，在苏联的援助下建成了长春第一汽车制造厂。后来，毛主席在视察一汽的时候，提出我们中国要有一个属于自己的汽车制造厂，要加快建设二汽。到了1958年，中苏关系逐渐恶化，中国的经济进入了自力更生的时期。

1969年，在机遇与挑战并存的时代环境下，由中国自主建设的第二汽车制造厂诞生于湖北十堰的一座小山村，从工厂设计到工艺设计，再到生产设备，都是中国人自己完成的。20世纪80年代中期，二汽货车的生产规模逐年扩大，成为国内大规模汽车生产企业之一。

1992年，被叫了二十三年的"二汽"更名为东风汽车公司，东风汽车工业联营公司则更名为东风汽车集团。这意味着东风公司率先站在了市场经济和对外开放的潮头，准备迎接更为深刻的变革。

在驾校与军营里历练过的王建清来到焕然一新的东风公司，真像是与一个阔别已久的老友重逢，更像乘上了劲头正盛的"东风"，正踌躇满志要干出一番事业来。

王建清进工厂时的职位是汽车调整工，全称是汽车调整重修工，2015年在《中华人民共和国职业分类大典》里更名为汽车装调工，标准名称编码是6220201001-2。汽车装调工就是使用工装、设备和装配线，装配、调试汽车部件、总成和整车的人员。

汽车装调工的工作并非看上去那么简单。一个合格的装调工必须会识别工艺卡、作业指导书，会看岗位装配的物料清单，会认零部件、分总成，还要能够识别工作过程中所需要的标准件、辅料、工装、仪器，并且能够在多品种生产的时候进行切换，因为一年下来公司要生产的车辆有好几百个车型，每个车型安装的零件各不相同，都需要学习掌握。

⊙ 1995年，入职东风汽车公司不久的王建清

这个职业还有个别号叫"汽车医生"，那是因为一辆完整的汽车有车身、底盘、发动机等配件，就和人体的器官和结构是一样的。作为汽车装调工，需要严格遵循工艺要求、设计原则和安全标准，站在客户的角度检验装配下线的汽车。整个检验过程不仅有静态的外观检查，还有动态的性能测试，像速度试验、制动试验、噪声试验和灯光试验等等数不胜数。汽车装调工的工作任务繁杂，恰好说明了这一工种在汽车制造行业里的重要地位，汽车装调工相当于整车质量的"守门员"。

刚入职时，王建清走进工厂大门，看到车间门口挂着一个大大的横幅，上面写着"像王涛那样敬业爱岗"。王建清当时心中就纳闷了，这个王涛究竟是谁？为什么号召大家像他一样敬业爱岗呢？

好奇的他去问班组工友们，一个老工友回答了这个毛头小伙："王涛师傅呀，那可是咱们公司的标兵，是省里的劳动模范！你知道劳动模范吗？就是咱们工人的楷模。"

劳动模范，这是个多么神圣而光荣的称号！但王建清从来只是听说过。他最初记下这个词，还是在小时候听评剧《刘巧儿》的时候，里边有个唱段说的是："上一次劳模会上我爱上人一个……"

王建清身上那股事事争先的劲头冒出来了，从那时开始，他奋斗的目标又多了一个。他暗暗下了决心，要像王涛师傅一样爱岗敬业，努力向劳动模范的行列靠拢。

⊙ 王建清（左一）向师傅王涛学习装调技艺

王建清可不是空想家，他一旦认定了一件事，就一定会付诸行动。怎样才能当一名劳动模范？劳动模范的标准是什么？他思索着。

在那个时候，人们对劳模的理解就是要能吃苦、有奉献精神、任劳任怨。而王涛师傅和其他人不一样的是，他特别善于总结工作过程中出现的问题，并把它们编录成纸质的培训资料供徒弟们学习使用。

东风汽车公司总装配厂原来的师徒传承模式中几乎没有这种成文的记录，都是师傅对徒弟的口传心授。而王涛师傅的努力，就使后来进厂的徒弟们能够按照文字经验来学习操作了，不仅提高了师傅教学的效率，还保证了汽车装调工序的规范性。

从工友口中听了越来越多关于王涛师傅的事迹，王建清对他是越发地敬佩起来了，更加坚定了要向他学习的信念。

虚心拜师练技术

作为入厂不久的新手工人，王建清之所以能够快速学会装调的技能，离不开他第一任师傅与第一任班长的悉心教导。

"我叫孙军法，以后我就是你在工厂里的师傅，你有什么不懂的、不会的，都可以来问我，明白吗？"

孙师傅和王建清一样，也是一名退伍军人。他身材魁梧，一张脸棱角分明，一看就是干起活儿来果断利索的人。

虽然孙师傅年龄不比王建清大几岁，但王建清始终抱着虚心的态度向他学习，比如零件的装配技巧、测试时的处理工序等自己不懂的操作细节，他都会认真地请教孙师傅。

孙师傅对这个谦虚又肯干的徒弟很是赞赏，一次上工时，他告诉王建清："在咱们东风公司，一定是会者为师、先者为师。哪怕是比你早入职一天的人，只要他掌握的知识比你多，那么他就是你的师傅。"

王建清用力点了点头，表示自己牢记了师傅的话，手上装配的动作却一刻没停，还干得更起劲了。他心想，自己初入工厂，一定要抱着学徒的心态虚心请教、不懂就问。

另一位在王建清的"新手时期"给过他巨大帮助的，是他的第一任班长郭宝贵。

有一次，因为新技能掌握还不熟练，王建清的任务没有及时完成。在汽车装调的流水线上，每一个工人都负责一个环节，每个环节都缺一不可。但凡有一个人任务没做好，这辆车就不能完成全部的测试工序，更不能正式出厂。

王建清眼看着整个班组的下工时间都因为他一个人而耽搁了，心里很是愧疚，急得像热锅上的蚂蚁，额头上冒出了豆大的汗珠，手上的操作也因为心急而失误了好几次。

"建清啊，你刚刚入职，不熟练不要紧，慢慢来。先喝口

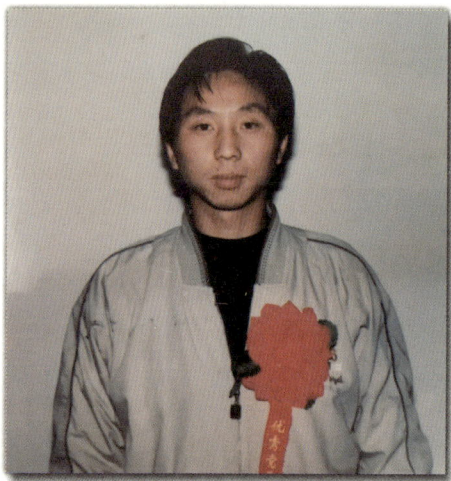

⊙ 上图　1995年，王建清获"优秀党员"荣誉称号

⊙ 下图　2016年，王建清（右二）和师傅王涛在一起研究车辆电器原理

水，擦擦汗吧。"一个老成温和的声音忽然在王建清耳边响起，紧接着一只装满水的不锈钢杯子递了过来。

建清抬头一看，不是别人，正是郭班长。他感激地接过水，带着愧意对班长说："对不起，班长，都是因为我没掌握好技能，拖累了大家。"

"没关系，小伙子，熟能生巧！我像你这么年轻的时候，还不知道闹过多少笑话呢。你看，这个零件应该是这样装上去的……"

郭班长不仅没有批评王建清，还耐心地指导他完成了任务。而平日在班组里，王建清也从来没有见他对任何一个员工发过脾气，并且总是热心地回应组员向他的求助。他说，大家工作已经很辛苦了，自己作为班长就是要积极为大家服务，让大家在忙生产的时候少跑腿、多做事。

后来王建清才从工友口中得知，郭班长和王涛师傅一样，也是公司的劳动模范，他往往是来得早走得晚，什么事情都主动担在肩上，想人所想、急人所难。

郭班长的稳重与任劳任怨深深地影响了王建清，他从此越发地勤奋，继续发扬"老黄牛"的精神，一心扑在工作上。

要做就做行业"标杆"

1995年底，老班长郭宝贵光荣退休，经过老班长的推荐和车间领导的集体决策，由王建清担任调检车间班长。公司有如此的决策也是为考验一下这位退伍新兵在车间班组管理服务的能力。

班组是工厂的"细胞"，班长就是这个小组织的第一负责人，是工厂里的基层管理人员。班长虽然职位不高，但责任可不轻。所有班组成员的出勤、分工、技能指导、绩效考核，甚至是家庭情况，班长都要密切关注。不仅如此，流水线机器的保养、材料的领取和使用、生产方法与工序的优化等事务也需要班长负责。

王建清深知，做一名班长很简单，但要做一名优秀的班长却并不容易。他对自己的要求，要是用一个词来概括，那就是"标杆"。

王建清所在的班组是一个技能性很强的班组，不是只要能吃苦、力气大就能把工作做好的，而是要看一个人的技能是不是精进。所以王建清认为，在这样一个技术型的班组中，只有首先把自己的专业技能练到过硬的程度，才有资格去领导其他人；只有自己的技能水平达到值得班组成员学习的程度，才能让整个班组

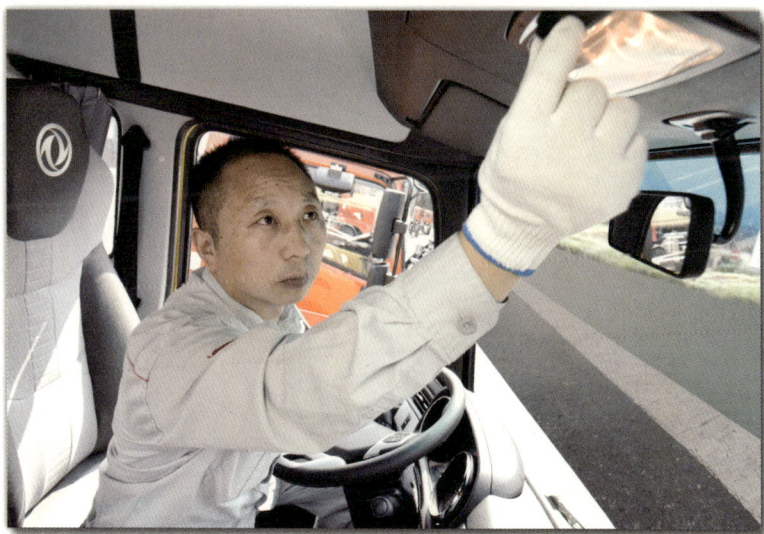

⊙ 上图　王建清在展示自己装调的东风车
⊙ 下图　王建清对已下线的车辆进行驾驶室室内装调

的专业水平更上一层楼。王建清立誓，打铁先得自身硬。

成为"标杆"，王建清靠的是坚持和勤奋。他每次上工都会随身携带一个笔记本，随时记录调检流程中有难度的技术方法和有改进空间的操作工序，等到班组的最后一个人打卡收工了，王建清再自己一个人在工位旁细细琢磨。

王建清后来接受采访时说："其实我做得并不多，我和别人都是在同一起跑线上开始长跑，谁能领先，就看谁多付出那么一点儿。比如说，地上有一颗小小的螺丝钉，谁弯腰捡了，谁没有弯腰，差别就是在这样的细节里体现出来的。"

不仅如此，王建清的笔记本里还细致地记录了班组里其他成员的工作信息。谁擅长什么，谁的哪些技能还比较薄弱，王建清都一一写了下来，并为他们进行了个性化的培训指导。

王建清认真负责的态度让班组成员十分感动，干起活来也更积极。有个员工曾经找到王建清，对他说："王班长，我真是要感谢您，如果不是您带领着我们，我还不知道自己做的这些整车调整项目里还有这么多门道，现在每天工作我都觉得特有劲儿、特有收获！"

王建清听了这话很是欣慰，他回答说："你能这样想很不错，我们做什么工作都要用心去做，这样才能感染自己，而只有先把自己的积极性调动起来，才能影响和带动其他人。"

除了在日常的工作中勤加积累之外，王建清还坚持通过各种技能竞赛来提高自己的能力水平。

1997年，公司宣布准备举办职工技能竞赛，王建清迅速地填好报名表，第一个交了上去。从部队复员的他是个"硬汉"，胸中总是憋着一股不服输的劲儿。对他而言，比赛不仅是证明自己能力的机会，更能够和优秀的人切磋技术、提升自己。

这次技能竞赛主要考查参赛选手发现故障、判断故障、分析故障、排除汽车装调故障的效率，不仅速度要快，质量也要保证。裁判一声令下："比赛开始！"王建清马上对着面前让人眼花缭乱的零件开始了操作。

他聚精会神地检查着整车电路、气路、油路和机械连接，再小的故障在他敏锐的目光下也无处遁形。王建清的双手飞快地翻动着，用不上几分钟就完成了比赛项目。他用余光瞟了一圈四周正在比赛的员工，发现自己处在领先的位置。

比赛结束，王建清自信地等待着裁判的检验，没想到却听裁判说："你完成的速度很快，但这个继电器的接线怎么没有连上呢？"

王建清吃了一惊，原来是自己排除故障时太过匆忙，把一根隐藏的继电器地线漏掉了。他懊恼极了，但比赛的结果已成定局——他最终只得了优秀奖。

在旁人看来，能在公司的技能比赛中拿到名次已经是很了不起的成绩了。但对于王建清来说，没有做到最好就不能称之为"好"，他必须更加努力、精益求精。

从那之后，王建清暗下决心苦练。一直到2009年，这十余年间，无论是当装调工还是班长，王建清从未错过任何一个参加技能竞赛的机会，他甚至调侃自己"都快烤煳了"。

但王建清深知，考试和竞赛是提高自身业务素质的最好方式。如果要真正成为行业内的"标杆"，就得经得起检验和历练。

新的起跑线

就在各种竞赛中，王建清不断向最高的奖项发起冲击，也因此练就了一身过硬的汽车装调本领，在公司里他也是个小有名气的"牛人"了。

2005年5月，王建清凭借出色的业务能力被公司调任为装配三车间调整重修班的班长。这个班的前身是东风商用车装配三线平头车重修班，主要承担东风公司平头车的装调、检测和入库任务，是汽车生产的最后一道工序。

装配三线调整重修班的名字听起来没什么特别的，但它正是以全国劳模和十大杰出产业工人之一王涛冠名的班组，也就是赫赫有名的"王涛班"。王建清是"王涛班"的第七任班长。

这次岗位调动，是王建清工作经历中的重要节点，意味着他的业务水平上升到了一个全新的高度，从此他是一位可以起到示范作用的高级技师了。

初到"王涛班"，王建清便感到肩上多了一份沉甸甸的责任，同时，这也是一种压力。"王涛班"的汽车装调工是从各个

⊙ 王建清作为客户体验师检查车身间隙和油漆外观

班组中遴选出来的优秀的装配班长、作业指导员等，业务水平个个都高超。王建清心里清楚，作为一群技能高超者的管理者，自己的技能水平必须是优中之优。

按照惯例，新组建的"王涛班"要召开一次会议，王建清要以班长的身份对班组成员说些什么。面对身边的新面孔，王建清说："我知道，你们来到'王涛班'之前都是各自班组里的技术能手，大大小小的荣誉肯定也获得过不少。但现在我想说的是，所有的荣誉只能代表过去，从这届'王涛班'组建起来的那一刻起，就是新的起点、新的征程，我们要齐心协力地干下去，干出属于我们的成绩。"王建清说着，感到胸口有一股热流奔涌而过。

他的话音还未落，身边的工友们就不约而同地鼓起掌来。原本对彼此还不太熟悉的班组成员，听了王建清的一席话，顿时觉得大家的心在为一项共同的事业而跳动着，仿佛有一股力量将他们团结了起来。

成为"王涛班"的班长后，王建清对班组的管理可谓刚柔并济、纪律严明，从不偏袒谁，也从不针对谁，一切以班组整体技能水平的提升和大家共同进步为准则。

严明无私做班长

2008年8月，因为王建清所在的装配线要拆除重建，所以他转到车型多、产量大的装配一线从事装配工作。半年之后，为了应对市场回暖，他又申请去到装配二线增援。

到了2009年6月的时候，工厂决定将装配三线重新建设为新三线，投入生产，公司点名让王建清和他管理的"王涛班"来负责。

两个月后，新三线完成了前期的建设，也进行了产能拉练，即将开始双班生产。双班生产就是一条生产线上每天分早中或早晚两班组织生产，每班工作八个小时。这样的生产方式能在提高生产效率的前提下让员工得到充分休息，既能够保证员工身体健康，又便于机器设备的维修和保养。

新三线投产在即，负责这一流水线的汽车装调工作的"王涛班"急需装调工，要从工厂的其他岗位上调用一批技术人员。

新三线招工的消息很快传到了工厂里曾经和王建清在同一个军营当兵的战友小陈的耳朵里。

小陈马上萌生出要在王建清管理的班组工作的念头。他想，毕竟他们先前在部队有过交情，王建清一定很愿意和自己共事。

再说了，老战友一起工作，怎么着也能互相照应一下。

于是，小陈在一天快下班时来到了王建清所在的车间。王建清眼尖，一下就认出了曾经的战友，赶紧走上前和他打招呼："嘿，这不是老战友吗？今天怎么有时间来我们流水线参观啦？"

小陈和王建清握着手，答道："建清兄好哇，我也不绕弯子了。我这次来呢，其实是想跟你说一声，我打算来你们'王涛班'当技术工人了，以后还得请班长你多多关照啊！"

王建清听了这话，连忙劝他说："你之前不是在后方单位干得很不错吗？何必来我们这流水线上吃苦呢？我们装调工工作压力大，加班延点是常有的事。并且它的技术要求很高，对装调出来的整车质量要求特别严格，跟你之前岗位的工作很不一样。这样，你回去再好好考虑一下吧，要是来了再后悔，可就来不及了。"

小陈爽快地说："那怎么行？我已经到人事科报完名了。吃苦受累的事你不用担心，咱们可是从部队里出来的，这点小事吓不倒我。兄弟我就是觉得，长时间在后方单位工作节奏慢、节拍慢，没意思，你们装调岗位是技能、技术性的岗位，那才叫具有挑战性，我也想挑战一下自己，做点成绩出来哩。再说，就算有什么问题，不是还有战友你来指导吗？"

王建清眼看拗不过他，就笑着说："行啊，这么有干劲，那我们就等结果吧！"

一周后，小陈的申请在人事科的调令里得到了确认。就这

⊙ "王涛班"班长王建清

样，他放弃了后方的轻松工作，来到王建清管理的"王涛班"，投入到了繁忙的汽车装调工作。

然而几个月后，风波在一次月底奖金核算的公示环节发生了。

在上个月里，由于小陈请了一天假，在班组考核时没有拿到全勤奖，并且扣除了一部分当月的加班延点费。眼看着就因为一天的事假，这么多奖金便打了水漂，小陈很着急，一气之下当着全班组的面和王建清大吵了起来。

"王建清，你说，我考核扣除的钱，给你分了多少？"小陈嚷嚷着，脸气得通红。

王建清无端受到这样的指责，心中十分不舒服："你请假就是请假，缺勤就是缺勤，我有什么钱好拿的？我早就和你说过了，装调工和其他的岗位不一样，这工作不好干，你偏不听劝。既然来了这个班组，就要服从我的工作安排！"

小陈显然不买账，他大声说："你也太不够意思了，不就是请了一天假，非要把考勤如实报上去，这都不能通融一下吗？"

王建清不愿意和战友发生矛盾，于是自己先退一步，诚恳地对小陈说："就因为我们曾经是好战友，所以我作为班长，对你的要求应该更严格才对。如果对你放松了，那对其他员工我该怎么办呢？只有一视同仁、明确原则，才能把班组管理好啊！"

小陈听了这话，也不得不佩服王建清的气量和坚持，"那好，如果你对每个班组员工的管理都跟今天对我一样，我就服你！"

"一言为定，从今以后要是哪天你见我偏袒了任何一个员工，我可以双倍补偿你这次的考核损失。"王建清坦然地说。

后来，小陈不再想着一己利益，而是把心思放在业务技能的提升上。技能水平一提高，他的工作态度也越来越踏实，越来越支持配合王建清的班组管理了。

这一切都被车间的其他员工看在眼里，一个班组成员评价王建清说："咱们王班长永远都是为班组着想，对待员工既原则分明，又像家人一样关心我们，是带领咱们'王涛班'更上一层楼的好班长。"

给班组"添动力"

王建清在"王涛班"担任班长，不仅有着明确的管理原则，还为了班组整体管理水平和成员能力素质的提升动了不少脑筋。从机制建设，到师徒传承，再到创新实践，王建清无一不是亲力亲为。对于王建清来说，"王涛班"既是他倾尽心血雕琢的"宝贝"，也是如港湾般包容他的第二个家。

就先拿"王涛班"班组运转机制建设来说吧。

东风公司有着浓厚的培育劳动精神的传统，时常在工厂开展创建工人先锋号、争当工人先锋岗的活动，但就在公司一次"技术先锋"的评选活动中，王建清发现，近六十名员工里只有不到十个人报名参加。

好强的王建清看到班组员工参加活动积极性不高、争先意识不强，一下着了急，却又不知道问题出在哪里。思来想去好几天，王建清想出了答案：不能怪班组员工不积极，而是自己对班组的管理不到位，还有改进的空间。

于是，王建清下决心要从根本上改变"王涛班"的运作模式，实打实地让这个背负了众多荣誉和期望的班组焕发出应有的精气神。

整顿班组从哪里开始？就从权责架构开始。在2010年之前，"王涛班"的管理负责人一直是由班长一个人来担任的，这样就导致不仅班长管理的事情又多又杂，还不知不觉形成了"一言堂"的局面，开展活动时要么是员工作为个人去自发参加，要么就是班长"命令式"地强制员工参加。在这样的职能架构下，班组建设往往达不到工厂的预期效果，这该怎么办呢？

王建清查阅了许多资料，了解了各种工厂内部的管理方式，最终选择了最早由美国克莱斯勒汽车公司使用的CFT管理法。CFT的全称是Cross Functional Team，也就是跨功能小组的意思。CFT管理法在"王涛班"是怎么应用的呢？王建清将班组的管理职责分成了学习培训、改善创新、安全环保、指标核算和团队协调五个方面，对应这五个方面分别设置了五个二级管理人员，并成立了五个CFT小组。"王涛班"那时总共有57名员工，每个CFT小组便由十余人组成。

这样一来，原先全部由班长承担的职责就分散到了每一个班组成员身上，成功实现了一人管理向团队集体管理、各司其职的机制转变。

CFT管理法实行了一段时间后，王建清欣喜地发现，不仅自己身上的管理压力得到了减轻，员工们的工作积极性还特别高涨，任务执行得更加规范，员工对班组管理的理解也更深入了。

改变了最基础的权责架构之后，王建清便着手进行评价指标的调整。王建清鼓励员工积极参与争创活动，就有不少员工来向他提问："班长，公司有那么多的活动，我们要是积极参加，能得到些什么实惠呀？"

这一问点醒了王建清：员工参加活动热情不高，不就是因为没有得到像奖品、奖金一样的实惠吗？这好办，班组里刚成立的指标核算小组就能发挥作用。于是，王建清在班组员工评价体系里增加了一项"活动参与"指标，用数据清清楚楚地体现每个员工参与工厂争创先锋等活动的记录，把它和班组成员的评优评先、调级调薪和外出交流的机会挂钩。

这个举措一推行下去，果然员工都兴奋起来了。很快，班组里就形成了浓厚的树标杆、学典型的氛围，有什么活动大家都你争我抢地参加，"王涛班"摇身一变成为整个工厂最活跃的班组。

员工的积极性成功地被调动起来了，但王建清还不满足。他琢磨着，现在班组成员的热情看似很高，但总体还是以"单打独斗"为主，有什么办法能让大家拧成一股绳，成为一个具有凝聚力和战斗力的团队呢？

⊙ 王建清（左二）召集班组骨干就K90车型动转油壶盖偏斜问题进行研讨

"王涛班"的57名班组员工里，年龄最大的是五十五岁，最小的只有十九岁，平时工作也多是单兵作业。王建清想，团结班组的突破口应该在于整个班组要有共同的目标，大家一起为之努力。于是王建清趁热打铁，开始推动班组文化的建设工作。

在一天下班的总结会上，王建清没有像先前一样只是自己发言，而是向班组成员抛出了一个问题："你们来东风公司工作了这么久，对个人的发展和成长有什么目标和期待吗？"

员工们先是露出了疑惑的表情，然后你一言我一语地说了起来。

"我想努力工作攒钱，给家里人买一套大房子。"

"我要提高自己的技能，争当先锋标兵！"

"我也没有什么特别的目标，只希望能够在班组里尽职尽责，做一颗螺丝钉。"

……

王建清笑着对大家说："你们谈得都很不错，那么今天我就给大家额外布置一个任务：每个人回去把自己的目标愿景提炼成一个词。明天我们就从大家总结出来的'愿景关键词'中选四个，作为咱们'王涛班'的文化格言，好不好？"

第二天一早的班前会上，王建清在大家面前写下了几个大字"求实创新，团结争先"。

还没等最后"先"字的那一钩写完，成员们就都忍不住鼓起掌来。

"王涛班"的班组愿景是真正从班组成员的体会和思考中得来的，自然具有特别的感召力。通过文化格言的提炼，班组内部的工作氛围更轻松了，团队凝聚力也更强了。从此，"王涛班"成为全体员工一条心、努力奋斗、迎风起航的集体。

丰富活动做点缀

优秀的班组机制，就如同一幢高楼的地基和钢筋，是具体的建设举措开展的基础。王建清在机制架构上做的改善已见成效，随后就是往这栋"高楼"上添砖加瓦的时候了。

合理开展各种活动能推动一个班组发展得越来越好，而活动一旦安排不得当就会影响到班组的日常生产工作。活动的组织设计是对领导者智慧的大考验，但这可难不倒王建清。

和几个小组长商量讨论之后，王建清决定将"王涛班"今后的日常活动分为建设交流、业务素养、学习培训和户外拓展四个方面来着重展开。

建设交流，顾名思义就是让员工对班组的建设发展畅所欲言，通过彼此之间坦诚的交流沟通来拉动班组的整体提升，每天的班前、班中和班后会都是绝佳的交流平台。王建清坚持认为，只要肯开动脑筋认真办好，这些交流平台都能发挥出大价值。

"王涛班"的班前会按照惯例是由班长来讲评前日工作、安排当日工作，到了班中会，主角就轮到了员工自己。员工可以提出自己在上半天的生产中遇到的困难，由先前设立的CFT小组来对症下药找出解决办法。对于一天工作结束时的班后会，王建清不再像以往一样发表每天大同小异的总结，而是基于一整天的现场作业观察和员工进行一对一的思想交流，让员工有机会毫无顾忌地说出自己内心的真实想法，给班组提出切实的意见建议。

在这样的建设交流活动中，员工对班组事务的知情度和参与度都大大提高了，员工之间的关系变得更加融洽，班组内部问题的解决效率也提升了不少。东风工厂的领导不止一次提出，要发扬"王涛班"这种公开透明的班组作风。

畅通了班组内部的沟通渠道还不够，要想把"王涛班"打造成一个事事领先的卓越班组，还需要一个能切实提高员工们业务素养的载体。

"王涛班"是汽车装调班，平日的工作模式都是单兵作业，由一人或几人负责一个装调环节，所以集体的业务培训难以组织起来。怎么办？班长王建清有办法，他针对装调工作复杂琐碎的特点，精心设计了"十全十美"活动。

这"十全十美"对应的是十个时长为十分钟的员工素养提升小活动。在专业技能方面，有十分钟问答课堂、十分钟零件竞猜、十分钟故障排除、十分钟安全知识抢答和十分钟分装比拼这几个小活动。虽然名字听上去简单，里头的门道可不少。

⊙ 2019年，王建清参加中国职工国际旅行社总社组织的大国工匠走进企业解难题活动

问答课堂活动是分批次、小规模地将员工组织起来，采用每日一题这种易于员工接受的方式，达到日积月累的效果。零件竞猜就是结合各个工序的工作特点，在整车装配过程中常用的两万多种零件里随机抽取一部分，展开零件号或实物的区分竞猜，让员工能够熟记零件的形状和用处。故障排除活动是把员工在生产中的碎片化等待时间充分利用起来，用问答的形式让员工讲解以往公司技能大赛中常见故障的排除过程。安全知识抢答有个专业名称叫KYT（Kiken Yochi Training），是班组成员为了预防工厂危险的自我管理活动。分装比拼则是通过汽车各部分零件的组装小竞赛，让员工们进行技能切磋和展示，从而提高他们的业务水平和工作热情。

王建清也并不只看重员工的技能水平。他知道，专业技能虽然重要，但也只是员工素养的一个部分。为了让"王涛班"的员工们真正向"十全十美"不断靠近，他还设计了十分钟团队集结、十分钟现场整理、十分钟车间改善、十分钟工作操和十分钟爱"家"活动，让班组的活动建设贯穿在员工工作的每时每刻。

班前会是一天工作的开始，为了体现团队的气势和协作精神，"王涛班"会定期提炼不同的行动口号，并让员工参与到口号的创作当中，在团队集结的班前会上轮流领喊。而现场整理和车间改善活动则都是为了培养员工爱整洁、有条理的好习惯，从捡烟头到挪料架，把每个人的小举动汇集起来就能让整个车间焕然一新。工作操是王建清考虑到员工的健康而特别设计的，让员工利用休息时间跺跺脚、扭扭腰，活动活动在长时间工作下劳累的筋骨。同样，爱"家"活动也是让员工在持续的高强度工作中保持愉悦而健康的心情，王建清带领员工擦拭桌椅和扫地、倒水，还给他们拍摄照片，以激发员工的集体荣誉感。

好个"十全十美"活动！王建清对班组建设的苦心和对员工们的关怀，大家都看在眼里，打心底佩服王建清，对每天的生产活动也更加投入了。

王建清"大刀阔斧"开展班组活动的最后一步，就是利用高产的间隙开展户外活动。

如果所有员工只是窝在工厂车间里闷头搞生产，是搞不出一个真正优秀的班组的。从大山里走出来的王建清认为，户外活动是让员工从长时间的室内工作中脱离出来放松身心的好方式。于是，他决定每个月组织一次户外拓展活动，例如体育锻炼、郊游踏青和前往革命基地接受红色教育等等。在定期的户外活动中，"王涛班"的员工们感受到彼此之间的联系更加紧密了，不再像先前的普通同事，而是像并肩奋斗的"战友"了。

经过这一系列丰富多彩的活动，"王涛班"在东风工厂里逐渐从优秀走向卓越。在2010年的11个月里，"王涛班"铆足了劲向前赶，共计完成了42626辆"东风天龙"牌商用车的装调。

师带徒，齐进步

"王涛班"的发展虽然蒸蒸日上，但要保持这种"一往无前"的劲头和态势，还必须让班组自身的活力与行业的潮流相适应。

自从东风公司在2003年与日本的日产汽车公司合资之后，整个工厂都需要跟上技术迭代、市场变化和产品更新的脚步。但与此同时，企业合资也给工人们带来了大量的学习资源，对此，王建清决心化压力为动力，将师徒传帮带的作用在"王涛班"中发挥到极致。

师教徒，徒学师，教学相长。王建清常常强调，班组的学习活力就是员工和企业"血脉相连"的生产力和发展力。其实在一开始，"王涛班"在人才培养机制建设方面也走了不少弯路。之前培养人才，往往是只针对在竞赛中排在前几名的员工，没有相应的规划和体系。这样的方式不但会使班组内员工技能水平的两极差距越来越大，还会让"王涛班"越来越难以挖掘到新的专业人才。

面对接踵而至的挑战，王建清没有退缩。一向说干就干的他很快开始了师带徒培训新方法的探索。

最先推出的是王建清制定的"1121素质提升法"——这名字看起来很高深，意思却通俗易懂。前面的"1"是标杆的象征意为争取做到一流，中间的"12"是一年中十二个月的意思，后面的"1"则是做好一件实事。"1121"合起来的意思就是，在一年十二个月里每月做好一件实事，争做一流标杆。

王建清之所以设计出这样一个素质提升的办法，还是因为受到了师傅王涛的启发。

作为得到国家认可的劳动模范和汽车界的"装调大王"，王涛在退休前每天都会进行当日工作心得的记录。一年年这么积累下来，只有高中文化水平的他却写出了十本有关汽车装调技术专业方面的书籍，累计字数超过七十万字。

王建清回忆手把手将自己带出来的师傅王涛时，说："我师傅对我的影响是最深的，他善于制订科学的计划，不仅会制订，还能够坚持不懈地执行下来。每天做一件小事、做一件实事，说起来好像很简单，实际上这是比其他技术都更难学到家的功夫。"

所以王建清接过"王涛班"班长的担子时，特别注意继续发扬这种日积月累的传统。现在的生产线大多都运用计算机技术来提高效率，于是王建清把师傅记笔记的方式变成了用电脑制作PPT，每天至少做一张，一个月下来就有好几十张了。

于是在2011年，王建清向班组成员提出了"1121"的倡议。他把班组成员召集到一起，说："我不要求你们一下子有多大的提升，但我希望你们能养成坚持做事的习惯。每个人每个月只需

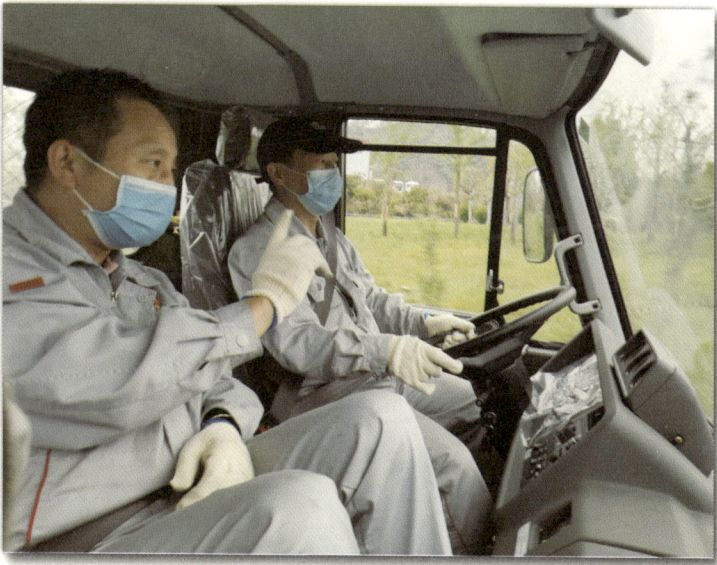

⊙ 上图　王建清（右）向班组成员讲解柴油滤芯器功能
⊙ 下图　王建清（左）指导徒弟驾驶

要认真踏实地做好一件事，一年就是十二件事，如果能坚持十年，也就是一百二十件事，那就是很了不起的成绩了。"到了2013年初，王建清又把"1121素质提升法"分享给了兄弟班组，并在整个工厂里起到带头作用。

就这样，在"1121"精神的激励下，从"王涛班"走出来的优秀技能人才层出不穷。东风公司总共评选了四届金牌员工，有三届都来自"王涛班"；2012年公司职业技能大赛的第一名也出自"王涛班"。而相比起评比和竞赛，更重要的是，"王涛班"将重视人才、培养人才的传统一代代地传承了下来。到了2015年，"王涛班"里在岗的就有5名高级技师、23名技师和9个工种状元。每个人在自己的岗位上一步一个脚印地提升自我，汇集起来就是整个班组的大踏步前进。

"1121"计划取得了初步成功，王建清又总结出了"教、学、练、记、问"的五步学习法，也就是师傅和徒弟面对面地反复教学。这样，徒弟一有不懂的地方就可以及时向师傅请教，把动作要领详细地记录下来，同时师傅看到徒弟有操作不规范的地方也可以立即指出来，从而提高技能培训的效率与质量。

在大力推进师徒学习培训的同时，王建清也考虑到了"王涛班"的具体生产状况，那就是员工们彼此之间的工作经历相仿、技术素质相近，并且日常作业存在重合的内容。针对这一状况，王建清大胆地在以往传统的"师带徒"模式中加入了"结对子"的新方法，取名为"1+1＞2结对法"。

这是个什么新方法呢？就是把班组内业务水平稍高和相对而言

较低的两个员工结成对子，在工作中互相学习督促，让两个员工在互帮互学的过程中共同进步，提高技能素质，达到"1+1＞2"的双赢效果。针对一些能力特别突出的人才，王建清也会挑选出足够优秀的导师来让他们得到专业的培养，以充分激发他们的潜力。

除了在自己班组里实施，王建清还特别乐于把自己想到的好点子拿出来，和工厂内的其他班组分享。"王涛班"就和负责前后两道工序的班组结成了友好对子，带动东风工厂这个大集体一起进步。

王建清在推动师徒教学上的"最后一招"，是培养"五会型"师傅。师傅和徒弟既然是教学相长，那就不能只鼓励徒弟进步，还得要求师傅精进自己的能力素养。

所谓"五会"，说的是会学、会干、会写、会讲、会传，只有做到这五点，才能称得上是优秀的师傅。王建清之所以要对师傅们提出这么严格的要求，就是想尽最大可能把工作中总结出来的经验技巧保存留痕。如果一个师傅只会干活，不会记录也不会传承，那么他退休转岗的那一天，也就成了他宝贵经验被尘封的一天。

为了班组的经验成果能够充分发光发热，王建清作为班长，以身作则地带领班组里一批技能拔尖的员工，组成了"领航小组"，开始了教材和论文的编写工作。

直到2015年，王建清和"领航小组"编写了6本专门针对汽车装调工的培训教材，加上各种专业技术书籍一共有10多本，总字

⊙ 上图　王建清在技师讲堂传授调试技巧
⊙ 下图　王建清（右）带着徒弟张永星一起献血

数达到了1000多万。不仅如此，他们还撰写了30多篇技术论文，创造了5项专有技术。其中，王建清和师傅王涛一起编写的《东风天锦电器故障排除图解》在2012年获得了机械工业科学技术成果三等奖。

王建清凭借着对班组、对行业的拳拳之心和过人的能力素养，在全国第三届载货汽车装调工职业技能竞赛中被授予"金牌导师"称号，用自己的行动印证了"王涛班"师徒共进的优良传统。

攀登创新的高峰

在王建清的苦心经营下，他为"王涛班"所打造的管理模式、活动建设和师徒互助机制就如同浇灌的一颗生机勃勃的种子，而这颗种子终于结出了一个又一个技术成果。

2013年以来，王建清带领着"王涛班"改进了工厂作业中的大小设备，解决了技术问题380余项，自制创新工具68件，累计创造的效益达到了1000多万元。全国总工会原主席王兆国在视察"王涛班"的成果展时，连连竖起大拇指赞叹说："小改善，为工厂解决大问题！"

谈到创新的秘诀，王建清自豪地说："创新进步，这个东西看起来好像很高深、很困难，其实它的诀窍就是从小事出发，事事留心。当你认真观察员工现场作业的每一个步骤，自然就会发现这里有很多值得去创新和改善的地方。"

在班组里，王建清也常常对员工们讲，大家反馈问题最多的地方，就是班组要着力改善的关键点。他们在生产一款D901新品车型的时候，由于驾驶室电动举升位置的变化，在装调过程中，每台车都需要负责作业的装调工按压6次按钮来举升驾驶室。整个流程算下来会占用900秒的生产时间，并且员工们也总会提到按按钮都按得"手指疼"了。

听到班组成员们的反馈，王建清马上针对这个问题进行立项改善。他和改善小组共同努力，设计出了一个全新的小工具。这个小工具可以让原本需要装调工手动操作的动作改进为全自动动作，节省了700秒的工时，大大减少了员工的体力消耗，也提高了调试过程的工作效率。

王建清不仅能把员工们的诉求放在心上，还会主动去发现生产过程中的细节问题。在一次例行检查时，王建清注意到离合器油的加注工位上有漏油的情况。他一问员工，才知道大家对这个问题一直以来都习以为常。

这可不行！漏油不仅是对工厂资源的浪费，还会弄脏车间的地面，造成污染。王建清本着对每一个作业环节都负起责任来的想法，下决心一定要把这个难关攻克。王建清又拿出了他那股爱钻研的劲儿，和班组成员一起找到了改进工具这一突破口，在东风公司第一个彻底解决了离合器油的加注工位漏油问题。经过王建清改良之后的设备，每年能为工厂减少6000升的废油排放量，

⊙ 上图　王建清对车辆选换挡拉丝角度进行静态检查
⊙ 下图　2021年，王建清（一排左三）与劳模创新工作室团队成员合影

折合成资金大约有14万元。

王建清还不"满足"，几年下来，通过创新实践先后改善了重型商用车在加注机油时飘油、洒油雾和滴油及制动管路渗气等一系列生产问题。这下，本来就在公司里小有名气的他，又多了一个"改善能手"的新称号。

王建清认为，一名合格的汽车装调工就要兼具精湛的业务能力和善于发现问题的眼睛。他开玩笑说，他在面对各种型号的汽车时，思维就像自己脑袋顶上的一根根头发一样清晰有条理。

王建清乐于创新的精神也感染了班组内的其他成员，尤其是王建清一手带出来的徒弟张永星。

一提到王建清，张永星马上就来了劲，"王师傅那可是我的偶像！"这个"85后"小伙子之所以在汽车装调工这个岗位上干劲十足，都是因为师傅王建清的"魅力"。

张永星刚进入"王涛班"的时候，第一眼看到的就是王建清在用自制的试电笔处理电路故障。王建清在前驾驶室里轻轻摆弄了几下就找到了故障原因，不出几分钟，故障便被处理好了。王建清的技艺深深震撼了张永星——要是自己哪天也能像师傅一样，有这么高超的技术就好了！在王建清的感染下，张永星开始执着地追求创新能力的提升。他定下的目标是，在日常工作中多较劲、多钻研，争取成为师傅那样的"技术大拿"。

从此，张永星变成了一心扑在装调技术上的"工作狂"。为了学到过硬的本领，他只要有空就"黏"在王建清身边，把师傅用到的每个技巧都记录下来，但凡遇到了问题，他也会缠着师傅不断追问，不彻底弄懂不罢休。

王建清对这么一个好苗子十分看重，指导张永星时的要求也严格了起来。创新改善最重要的是动手能力，王建清往往不厌其烦地向张永星一遍又一遍地进行实操示范，将自己工作这么久以来积累的"绝活"都倾囊相授。甚至有时深夜下工后，王建清还喊张永星去"开小灶"，把碎片化的时间都利用起来讲解知识点和难题。

"张永星这小子有悟性，学东西很快。"王建清这么评价徒弟，"不光有创新的思维，还能钻研、肯吃苦。"这些年来，王建清一直带领着张永星进行创新改善工作，尝试开发各种能够提高车辆调试效率的技术。

2013年1月3日，王建清和张永星一起接下了提升装配下线生产效率的课题。经过师傅们的指导，张永星在五个月后完成了一个名叫"快速预充气装置"的创新课题，在这方面能节省大量时间，帮助工厂大大提高了生产效率。到现在，张永星参与的创新课题已经高达45项，其中有不少还成为专有技术成果。张永星的创新能力为他赢得了全国汽车行业"最美青工"和中央企业青年岗位能手等一系列的荣誉。

在"王涛班"上，具有创新潜质的绝不止王建清和张永星两个人。2014年，"王涛班"成立了"劳模创新工作室"。工作室的任务，就是通过技艺传承、技术攻关、技能竞赛和创新成果展示这"三技一展"，来把工作室打造成人才、标杆和模范聚集地，给员工们提供实现梦想的机会。为此，王建清特意在工作室

⊙ 2019年，王建清带领"王涛班"荣获"新中国70年最具影响力班组"
称号

里设置了五个创新团队，每个团队各自承担了不同的技术攻关任务，比如堵点创新、开发标准作业和提升质量等等。

在王建清的带领下，"王涛班"的员工在公司、全市乃至全国的技能竞赛中屡屡得奖，斩获了9枚金牌、3枚银牌和13枚铜牌，以至工厂里有员工把"王涛班"叫"王牌班"。而王建清本人也在全国第三届载货汽车装调工职业技能竞赛中被授予"金牌导师"称号。

时至今日，"王涛班"的累累荣誉仍在不断刷新……

多想一分，守住安全

带领着"王涛班"取得一个又一个成就的王建清，好像一个指挥着千军万马的所向披靡的"大将"。这名东风的"大将"不仅有着过人的胆识和魄力，还在细微处格外地留心和敏锐。工作上的事，王建清总是能做到比别人更进一步、多想一分。

2011年11月的一天，王建清照例在车间里找了几个员工谈话，主要是为了给员工答疑解惑，增进大家之间的感情，同时也了解班组内部新情况。结果一个员工在谈话时有些犹豫地说："王班长，今天我调试了一批新车型，但是在调试制动器的时候感觉和之前的车辆不太一样。"

王建清心中一动，马上问他："哪里不一样？没事，你只管大胆地告诉我。"

那名员工想了一会儿，回答道："我说不太上来，就是有些不一样的感觉。"

"那我们走，一起去作业线上看看！"王建清斩钉截铁地说。

王建清找到这批有问题的车型，仔细检查了一番，终于把员工说不清楚的问题找到了——原来是驻车制动解除的时间比一般情况滞后三秒。

王建清分析，原因只可能出在两个地方：一是车辆，二是装调线。于是，王建清马上在工厂里能够找到的车型上一个一个检验，发现只有这一种新车型出现了这个问题。

在一线装调几十年的工作经历让王建清有一种敏感和直觉，他立即在试装报告上填写"此车型存在重大质量隐患，不能入库"。一直在旁边默默观看的员工却忽然说话了，他问王建清："班长，制动解除延迟的那三秒不是什么大问题，这批次的车在其他试车过程中也没有出现别的异常，为什么不能交检入库呢？还要紧急召回，多麻烦啊。"

王建清耐心地向这位员工解释说："短短的三秒在平时看来好像的确没什么大问题，但我们做工人的，不能只用工厂里的标准来衡量一部车的质量，而是要充分考虑这台车出厂之后可能遇到的各种特殊状况。"

员工似懂非懂地点了点头，王建清继续解释道："如果这辆车载满了重物，正在上一个坡度较大的坡，又因为前面堵车而需

⊙ 上图　王建清进行东风天龙面板面差检查
⊙ 下图　王建清检查东风天龙挂车牵引管线

要上坡起步，那么这延迟的三秒就意味着这辆车在起步时要往后滑移好几米，这对于后面的车来说是很危险的。再比如说，万一这辆货车不慎驶到了悬崖边上，在紧急起步的关键一刻突然向后滑移，货物财产的损失还是小事，司乘人员的生命安全可没人负得起责啊！所以，我们流水线上哪怕是一秒，都千万不能大意！"

员工这下恍然大悟："我明白了，王班长，我这就去通知车间的工艺员，把试装报告送到质检部门去。"

一系列的手续布置下去，有问题的车辆都返送到流水线上。王建清转而召集了班组里负责生产工具改善的小组，经过细致的查对，终于找出了三秒钟制动延迟的"真凶"——这个车型有个零部件的通气孔出现了偏差。确定了原因后，东风公司的相关部门联系到零部件的制造商，果然证实了王建清的判断是正确的。

王建清凭借他的敏锐和细心化解了多少起潜在的事故，我们不得而知。但可以知道的是，王建清扎根东风公司的这三十年时间里，创造了150万公里安全试车，30万辆零缺陷装调的奇迹……

⊙ 2021年，王建清荣获"全国技术能手"称号

汽车急诊的"全科大夫"

王建清常常说，自己的职业就是一名"全科大夫"，专门调试汽车的性能，诊断汽车的各种毛病。王建清拿到一辆车，马上就能把它的各部分辨别得一清二楚——发动机和变速器就好比内科，车架和驾驶室就是外科，电气线路是神经科，尾气处理系统则是消化科……总之，一名装调工对车辆的各个部分都要熟悉精通，要随时能够准确地诊断出汽车的"病症"。

王建清作为一名业务娴熟的"全科大夫"，不仅在工厂里包揽了各种技术难题，在车间外的生活中也是一名热心的"急诊医生"，只要看到有汽车出了故障，他都忍不住上前去帮一把。

王建清"诊断"汽车时，有个绝活，那就是只需要听一听汽车启动时的声音，就能够知道这辆车的故障发生在哪个部位。这种了不得的本领，是王建清在职业生涯中二十几年如一日对车辆的复检中磨炼出来的，只要是经过王建清调试的汽车，没有一辆出现过质量问题。就凭着这"听音诊脉"的绝技，王建清解了许多司机的燃眉之急。

王建清的家住在离东风公司销售部不远的地方，每次走在路上，只要见到有商用车抛锚了，他都忍不住上前问一问。2012年

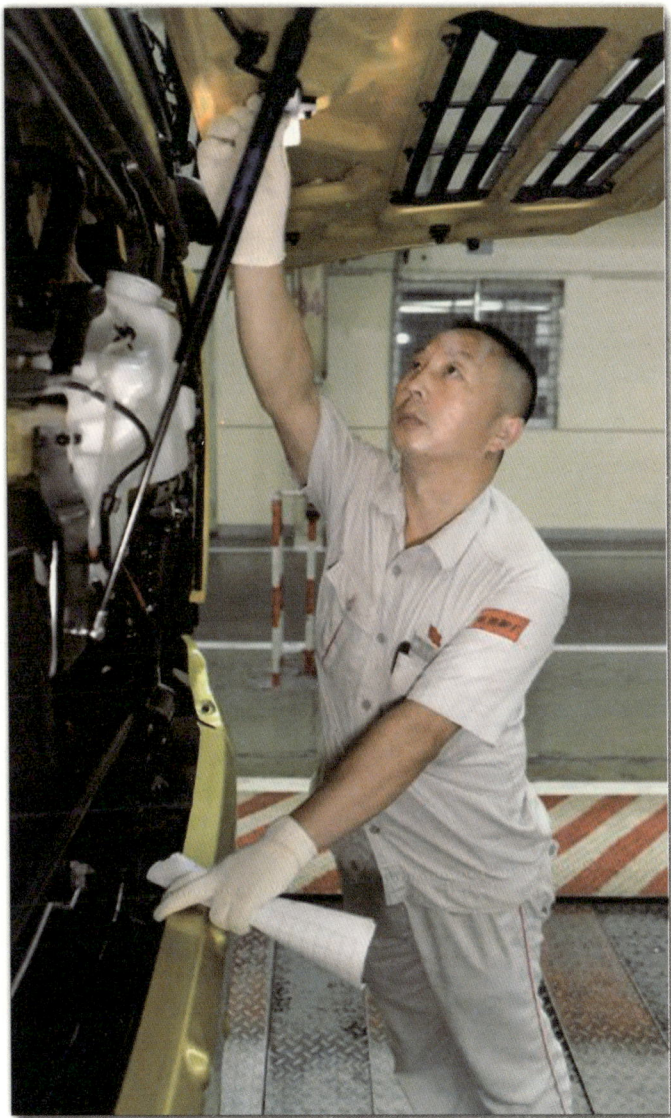

⊙ 王建清在检查下线的东风天龙电路情况

的一天中午，王建清照例开车去上班，却发现原本宽敞的大路被堵得水泄不通。他透过风挡玻璃朝远处望望，一辆东风牌的商用车正停在马路中间。

王建清心想，那辆车一定是出了什么故障。他果断熄火下了车，走向那辆商用车。果不其然，驾驶员正不停地拧着车钥匙，试图把车给发动起来。

"师傅，出什么问题了？"王建清隔着车窗对司机喊道。

司机急得满头大汗，把车窗摇下来，火急火燎地说："我这车不知道怎么回事，本来开得好好的，结果在路中间突然就熄火了！现在这车不听指挥，根本打不着火呀！"

王建清走到汽车发动机盖旁边，冷静地对司机说："师傅，您别着急，我是一名汽车工人，我来帮您看看是怎么回事！这样，您再试试启动一下车子，让我听一下声音！"

司机将信将疑地拧了一下钥匙，王建清仔细听了一阵，感觉机体发出的声音比正常情况下沉闷很多。王建清根据自己多年的汽车装调经验，判断问题一定出在发动机的排气系统上。于是，在征得司机的同意之后，王建清进行了一番简单的上车检查。

检查结果印证了王建清的想法——这辆车的排气制动阀失灵，进而导致汽车发动机的排气管堵塞，无法启动。这对于王建清来说自然是处理过多次的常规故障，经过他熟练的排查调整，刚刚还不听使唤的商用车在短短几分钟后就恢复了正常。

司机大喜过望，连声感谢着王建清。正当王建清给司机讲解正确的操作方式时，东风销售部的售后服务人员赶到了现场。服务人员一眼就认出了东风的"技术名人"王建清，再看看笑逐颜开的司机，马上明白了整件事情的经过。他们纷纷向王建清竖起了大拇指，笑着说："要是早知道王师傅在这边，还用得着我们出动吗？"

这只是王建清数不清的"出诊经历"之中的一段。作为东风公司首席技师的他，不仅能够走在路上出手帮司机解决临时故障，还能在电话里远程指导客户自行排除汽车故障。

王建清对客户的求助一向是热心加上耐心，有求必应。在他的手机通讯录里，保存了不知道多少东风商用车的4S店维修经理、物流人员、经销商和客户的电话。不管什么时候，只要他们遇上了困难需要咨询，王建清的电话永远能够被拨通。

在2014年的7月份，王建清接到了一位苏州客户的电话。

"王师傅，您好！我的车是东风国四天锦型号的运输货车，这几天不知道为什么，仪表盘上总是显示车辆有故障，同时踩油门踏板还总是加不起速。本米不想打扰您，但是这段时间送货任务太紧了，我没时间专门跑到4S店进行维修，能麻烦您帮我远程检查一下吗？"

王建清在电话里听出来那位客户十分焦急，他马上回答说："没事，您别急！您把车子仪表盘上面的故障信息仔细地告诉我，我来帮您判断一下！"

客户说了一通之后，王建清很快就问："您最近是不是洗了

⊙ 王建清在研究触动式挡位调整法

车，并且还清洗了发动机？"

客户惊讶地说："您太神了，您是怎么知道我洗过车的？"

王建清耐心地解释道："您刚刚说您的车子是东风国四标准的车型，我们的这个产品虽然是商用车，但是电子化程度很高，车架、车身和发动机等等各个部位都安装了不同的电子传感器。这些传感器能够把车辆的使用状态报送给仪表盘，以便驾驶员快捷全面地掌握当前车辆的状态。您的车辆现在显示的故障，原因出在您清洗车辆的时候，不小心让大功率的高压水流冲洗到了发动机上的一个传感器，它受潮之后就会时不时地'罢工'了。"

"原来是这样！那王师傅，这个故障要怎么排除啊？"客户紧接着问。

"您听我说，解决这个小问题很简单，只需要您把传感器拆下来，再用吹风机吹干，您的车子马上就会恢复正常。"王建清回答。

客户将信将疑地挂了电话。结果过了不到一小时，这名客户的电话又拨过来了。王建清只听到客户惊喜的声音："王师傅啊，故障真的没有了，真是太感谢您了！如果不是您，我可能现在还在干着急呢！"

像这样的电话，王建清几十年来不知道接到了多少——并且常常是在深夜客户无法及时找到维修店的时候接到的，好几个晚上他都是在睡梦中被电话铃声叫醒。但王建清对此毫无怨言，他热爱这份技术工作，同汽车打交道能给王建清带来强烈的成就感

⊙ 王建清（左二）在装配线上和同事一起排查车架尾部备胎锁紧装置

和满足感。销售到顾客手里的东风汽车，对王建清来说就像一个个出了远门的孩子，爱护它们是自己的使命。

王建清说："既然客户选择了咱们东风的产品，我作为东风的一分子，就有义务为东风的每一位客户服务。"

牵挂员工的好班长

一个好班长，应该具备什么样的品质？技术过硬、善于决断、领导和管理能力强……这些都是成为一个优秀的班长所必不可少的。但在王建清看来，班长不仅要有能力和技术，更重要的是要做到把班组当成一个和睦的大家庭，员工在工作中是下属，但在生活中就是家人。

王建清之所以能够得到那么多员工的信任和爱戴，就是因为他做到了把全身心都奉献给了"王涛班"，每个班组成员都深深地感受到了王班长对自己深切的关怀。

2012年8月8日，是"王涛班"召开总结会的日子。正好是员工们高温假收假后的第一天，大家经过了假期的放松和休整，显得格外有活力有干劲。

"今天的会议内容就到这里，但是在散会之前，我还有一件事情要告诉大家。"王建清环视着每一个员工，语气变得严肃起来。

　　王建清极少这么严肃地和员工们说话，刚刚还有说有笑的班组成员你望望我，我望望你，渐渐安静下来，等待着班长继续说下去。

　　王建清顿了一下，开口道："就在这个高温假期里，咱们的同事小张不幸突发疾病被送进了医院，整整抢救了五天都没有完全脱离危险。我了解到，他的家庭条件不是特别好，这一做手术就花费了十几万，更别说后期高额的治疗费用了，他的家人现在十分焦心。"

　　会议室里的气氛一下子凝重了起来，王建清接着说："小张是我们'王涛班'的一分子，班组取得的所有成就和荣誉都离不开我们每一分子的付出。如果没有员工的团结一致，班组这个集体就不会变得优秀和强大。我们'王涛班'是靠员工彼此扶持着前进的，集体决不会放弃任何一个员工。所以，我在这里向大家发起一个倡议：为突发疾病员工爱心捐款。"

　　王建清的话音还未落，房间里静坐着的员工们"呼啦啦"一下全都起身了——大家纷纷走上前来，拿出了身上的现金。结果在短短五分钟里，班组的40多个人就捐出了3590元。

　　8月14日下午，王建清作为东风调检一车间的分工会主席，和书记、车间主任、副主任等领导来到了十堰市张湾区医院的重症监护室看望小张，他们带来的还有车间里100多位员工筹集的近万元爱心捐款，它体现了同事们对他深深的牵挂。

　　走进病房，王建清一眼就看到了小张的父母。两位老人头发花白，布满皱纹的脸因为焦急和担忧而显得更加憔悴，这一幕让王建清心里更难受了。

领导们把钱和慰问品送到两位老人面前，恳切地向他们说，这些捐款可能不能帮上什么忙，但都是同事们的一片心意，大家衷心地祝愿他早日康复。小张的父母紧紧握着王建清的双手，嘴里反复念叨着"谢谢大家""谢谢领导、同事的关心"，突然二老跪在地上，泪流满面。王建清仿佛是看到自己的父母一般心如刀绞，他赶忙上前扶起两位老人，安慰着他们。

王建清哽咽着劝老人："叔叔阿姨，你们千万不要太过伤心，要以自己的身体为重啊！如果遇到什么困难，一定要向我们单位反映，车间分工会和全体员工会尽最大努力来帮助小张！"

病魔无情，人间有爱。诸如此类事迹还有很多。比如全国第三届载货汽车装调工职业技能竞赛期间，参赛选手小胡的妻子正生病做手术，王建清马上组织"王涛班"筹集捐款4000多元送到了医院。再比如，一次年三十的时候，王建清赶到员工小柳的家里，帮他处理突发的漏水事件，并照顾他患有高血压的年迈母亲。

王建清就是这样以身作则，带领整个班组，乃至整个工厂，从而使工厂形成了彼此关爱、亲如一家的良好氛围。

光影留念暖人心

　　要说王建清是一个热爱生活的人，整个工厂上上下下没有一个人会否认。除了工作、培训和参加竞赛之外，王建清平时最爱做的事情就是拍照。

　　这还要从他在2005年夺得公司首届技能大赛的冠军说起，作为冠军的王建清有幸得到了东风汽车公司总裁的嘉奖，并获得了去日本学习交流的机会。在日本，王建清买下了第一台属于自己的卡片相机。

　　最开始，王建清只是用相机拍照片来给员工们讲解商用车在改善前后的不同效果。慢慢地，他忽然发现相机不仅可以用来提高工作效率，还可以用来记录班组生活。从此王建清就像"着了魔"一样，把相机揣在自己的上衣兜里，走到哪拍到哪。只要是关于班组、汽车和汽车人的，他一个画面也不想错过。

　　到今天，王建清拍照记录的习惯已经保持了十八年，就连卡片相机都更换了四部。

　　但王建清并非瞎拍着玩，他专门为"王涛班"的员工们建立了一个图片档案库，用三个移动硬盘来保存。在这些硬盘里，王建清给每一位员工都建立了一个专属文件夹，按照时间和事件来分门别类地保存他们的照片。

这些宝贵的照片可不会在硬盘里"吃灰"。当员工转岗或退休时，王建清会将他们的照片整理好，冲洗成一套专门定制的相册，作为一份具有纪念意义的礼物送给员工。不仅如此，王建清还用这些照片制作成了"王涛班"的笑脸墙，并举办了一次小小的摄影展。王建清坚持要让自己的相机成为"王涛班"和员工们之间一条温暖而牢固的纽带。

王建清之所以这么坚持，是因为他深深地明白这些照片无可替代的价值。2013年，和王建清在车间里共事多年的质量员老冯突发心肌梗死，抢救无效而离开人世。老冯的家人十分悲痛，尤其是他远在武汉上大学的儿子，没来得及赶回来见父亲最后一面。

王建清心里虽然沉痛，却也无能为力。他唯一能做的，就是把老冯的照片制作成相册，送给老冯的家人。小小一本相册，凝结的是鲜活而真实的生命轨迹，承载的是一个家庭深切的思念……

这就是全心全意为班组付出的好班长王建清。他对待工友处处有巧思，在炎夏为大家送来解渴的西瓜，深夜加班则把牛奶分发给大家。

王建清对待生活同样也是阳光乐观、热情洋溢的。他的儿子患有先天性脑瘫，但他很少把这份不幸拿出来向外人说，而是满怀希望地默默陪伴、付出，带着儿子来工厂参观、载着儿子四处兜风，让孩子度过了快乐的童年时光……

第四章　炼成劳动模范

东风商用车
DONGFENG COMMERCIAL VEHICLE

大学梦成真了

上天从来不会辜负任何一个怀揣梦想、永不言弃、不曾苍老的少年心，所有曾经失去的、错过的美好都会在恰当的时间以最好的方式归来。万里征途虽远，归来仍是少年。

不曾忘记那些在电视上看到的名校学子的辩论交锋，不曾忘记自己中考失利后一个个无眠之夜，也不曾忘记当年为了报考军校而参军时坚定的脚步，王建清又一次拾起了自己的大学梦，2017年底东风汽车集团有限公司工会推荐王建清参加由全国总工会直属中国劳动关系学院专门为全国劳动模范学习、成长而设立的劳模本科班。每一次在认真完成当天的繁重工作后，王建清的房间在夜里总是灯火通明的，他在灯下奋笔疾书，查阅着各种考试资料，脸上透着一股倔强劲儿和认真劲儿，完全看不到一丝倦意。

终于，在2018年1月9日，当王建清收到来自中国劳动关系学院的录取通知书的时候，他擦擦眼睛想看看这是不是真的，却不小心擦出了几滴泪花。

录取通知书上清楚地写着："王建清同学：经2017年全国成人高校招生统一考试、中华全国总工会劳模资格审核、北京市招生考试委员会和北京教育考试院审核批准，您被我院社会工作专业（本科）录取。请凭本录取通知书并按照入学须知的有关要求准时办理入学手续。预祝学习愉快，学业有成！"落款：中国劳动关系学院继续教育学院招生办公室。

王建清一字一句地念着，捧着录取通知书的双手竟微微有些颤抖，心里充满了感动。他很感激党和国家给他这个继续学习的机会，感恩工厂、公司、车间、班组这些年来一直关心、支持、培养他的各级领导、同事。

初入大学，王建清就被大学良好的学术环境和一流的学习条件震撼了，他如饥似渴地吸收着知识，积极参加各种活动，成为同学中最积极、最勤奋的那一个。

学习之本，在于通达实践之道。在劳动关系学院的学习是为了更好地工作。在那里，王建清有幸结识了来自五湖四海的劳动模范和大国工匠们，他们之中很多人都有与王建清相似的人生经历。

在晚上宿舍熄灯之后，他们经常会夜谈，谈自己从前的沧桑岁月，谈自己经历过的事。他们也会交流经验，讨论工作中的技巧方法，通过互相学习，王建清感到受益匪浅。在回到工厂后的实践中，他将学来的知识、交流的经验运用于实践，并取得了良好成果。

中国劳动关系学院劳模本科教育之本质就在于培养德智体美劳全面发展的社会主义劳动者典范，团结带领更多劳动者建功立业于新时代，博采众长以集为大师，千锤百炼以铸就大匠。此次学习经历，成为王建清取得更大成绩的重要阶梯。

⊙ 2022年，王建清大学毕业，取得了社会工作专业法学学士学位

传达心声，不负人民

2018年3月5日，北京的土地被春风吹起了些许绿意，燕子衔泥从南方飞来，暖和的阳光洒下一地碎金。

这一天，人民大会堂里座无虚席。第十三届全国人民代表大会第一次会议在这里隆重召开。在人群中可以看到一个熟悉的身影，他衣着朴素，个头不高，腰板儿笔直，一双闪闪发光的眼睛透出精明强干。不错，王建清以全国人大代表的身份来参会了。

在本次代表大会第一次全体会议开幕式之前，首次设立的"代表通道"正式开启，全国人大代表、东风商用车有限公司总装配厂调检一车间"王涛班"班长王建清接受了采访。

在采访中，记者问他："请问王建清代表，您如何理解'工匠精神'？一线产业工人都非常关注待遇、职业发展等问题，您认为如何在这些方面有所突破，才能让更多的年轻人加入产业工人队伍？"

他朗声答道："谢谢您的提问。作为一名一线产业工人的代表，能够站在这里，我的心情非常激动和自豪，也深感责任重大，使命光荣。如果让我来说对工匠精神的理解，我想大家在听完我和我们公司以及我家乡四十年的变迁后，一定会对工匠精神

⊙ 王建清当选十堰市第五届人大代表

有一种新的理解和认识。

"我来自东风汽车集团有限公司，也是鄂西北秦巴山里走出来的代表。我的家乡素有'仙山、秀水、汽车城'之称，也是东风公司的发源地。我的家乡就是湖北十堰。

"十堰因车而建、因车而兴。在四十多年前，有一群来自祖国四面八方的建设者，他们积极响应党和国家的号召，怀揣着振兴祖国汽车工业的梦想，来到了鄂西北的一个小山村，他们跋山涉水，点着马灯，住着干打垒、芦席棚，用他们的双手建设了一座现代化的汽车城。我在想，如果没有他们艰苦奋斗精神的传承，工匠精神也就不可能扎根于企业，影响到广大的员工。

"在国家发展和企业发展的时候，我们既要仰望星空，又要脚踏实地，我们应当承认，现在愿意当蓝领、立志扎根一线的人少了。

"今后我们只有在人才评价机制上改革，通过事业留人、待遇留人，才能让更多的人立足岗位、精益求精，让中国制造走向世界。作为一名一线的人大代表，今后我将加强学习，深入调研，不断提升自己的履职能力，不断推动人才机制改革，提高一线员工在职业生涯中的获得感和幸福感，让更多的人愿意当蓝领，立志做工匠。

"只有让一线工人吃得饱，穿得暖，睡得香，基本生活条件得到切实保障，医疗、住房、教育等基本问题得到解决，才能让愿意当蓝领、扎根一线的人越来越多，让工匠技艺精益求精，让中国制造走向世界，让工匠精神薪火相传，生生不息。"

本次参加全国人民代表大会是王建清的首次履职，作为湖北代表团首个走上"代表通道"的全国人大代表，王建清内心并不紧张，而是多了几分笃定、几分从容。因为他已经接过了一位老代表的接力棒，在这根沉甸甸的接力棒上，有老一辈人大代表的履职经验、殷殷期盼和谆谆教诲。

这位老代表正是王建清的师傅——全国劳动模范，东风商用车总装配厂车间技术工人王涛。王涛曾经任第十一届、第十二届全国人大代表，如今因年事已高，不再履职，而同一年为全国劳动模范的王建清当选全国人大代表，接过了师傅手中的接力棒，成为全国人大湖北代表团的新生力量。

在去北京前，王建清专程拜访了王涛师傅。看着这位自己一手培养起来的传承人，王涛师傅的眼中满是欣慰，"人大代表就是为人民服务的，你以后一定要想人民之所想，急人民之所急。要时时刻刻牢记我们一线工人的责任和使命。"

他接着说道："人大代表一定要务实，发现身边真正存在的问题，提出切实可行的解决方案，哪怕就是一点点的改进，积少可成大功，总比说空话没有解决问题好。

"人大代表是什么？就是人民的眼睛，也是人民的声音。要敢于替人民监督，敢于直言不讳，良言谏净。

"作为人民的声音，我们应当真正做到为人民发声。不是我们自己怎么想、怎么看，而是在充分调研、深入挖掘之后了解人民怎么想、怎么看，说的不是个人的一家之见，不是个人的利益诉求，而是广大人民内心的真挚呼声。

"你要起良好的表率作用，既要争，又要让。在劳动、为人民服务的过程中，要处处争先、精益求精，争取做到最优最强；在功劳、利益方面又要懂得让，把好处分给大家，把功劳留给集体。"

这天，平时沉默寡言的王涛师傅显得很激动，话格外多，好像生怕交代不够似的，说着不觉眼中噙满了泪花。他亲自下厨炒了好几个小菜，拿出珍藏多年的老酒，说什么也要让建清今晚留下来喝几杯。

建清听着王涛师傅语重心长的经验传授，看着他被岁月侵蚀而泛起的缕缕银丝，因工作而磨起了不少老茧的双手，一桩桩回忆涌上心头。

1993年，刚刚退伍回来的他来到了东风汽车公司总装配厂，负责新车下线后的调试、检修工作。踌躇满志的他，刚一进工厂就听说了王涛的名字。一向不服输的建清心里面就有了一个梦想：有朝一日，一定要成为像王涛那样人人称道的技术强人。

念念不忘，必有回响。王建清终于通过自己的踏实努力和出色业绩得以进入王涛班，在那里，他见到了仰慕已久的王涛师傅。

在学习的过程中，老师傅王涛不仅教给了他很多汽车的知识、处理汽车问题的独家法门，更让他明白了什么叫作"工匠精神"。

王建清说："在打造每一件产品的过程中，我感觉每一辆汽车不再是冷冰冰的铁块，而是有生命的实体。它们会发笑，也会

⊙ 2018年，王建清在全国人民代表大会首场代表通道为工匠代言发声

呻吟。我在同它们对着话，汽车的各种构造正如人的五脏六腑一样，如果它们生病了，我会找出病根，对症下药。每一个经过我加工出厂的汽车都像一个孩子，每一个都有精血地灌溉。"

工匠精神就是心专于一事，意凝于一物。不随时转，达到物我两忘的境界。

唯厚德者能载物，唯自强者能行健。王涛师傅工匠精神的传承，在于"技"与"德"的高度熔炼后的统一。在王建清的回忆里，王涛师傅教他最多的就是低调做人、认真做事。王涛师傅常常对班组成员说："想做一名好工匠，最重要的是做人。我们讲工匠是什么？工匠就是专心、专注、专业地在一个地方干好一项工作，讲的就是干一行、爱一行、专一行、精一行的这种精益求精的精神。"

在师傅王涛的"工匠精神"影响下，二十多年来，王建清专心打磨手艺，经手的数十万多辆东风商用车，没有出现过一起质量问题。王建清觉得，自己既然当了人大代表，就有义务将这种精神传得更久，传得更远。

人民代表大会中，王建清的诸多意见和建议，最重要的一条便是"关于技能人才培养和工匠精神传承的制度保障的意见和建议"。

我国经济已由高速发展阶段转向高质量发展阶段，亟须高技术水平、高素质的技能工人团队精益求精地对待工作岗位，打造精品，提升产品附加值，带动相关产业链转型升级，让中国制造成为高质量产品的代名词。王建清在一线经常思考，工匠们在工

⊙ 2018年，王建清当选第十三届全国人大代表

⊙ 2021年，王建清获首届"东风工匠——装配大王"荣誉

作岗位上要心无旁骛，保障体系的建立至关重要，他这次带来的
议案建议，主要内容就是希望国家能够建立制度保障体系，让更
多的一线蓝领在完备的薪酬保障下，立足岗位，发挥更大的作
用。

访天津，思先烈，献力量

2018年4月，第十三届全国人民代表大会会议闭幕后，王建清
赴天津开启了一趟红色之旅。

在短短的两天时间内，他参观了位于天津市平津战役纪念馆
和周恩来邓颖超纪念馆。这次参观经历，对于父辈是老共产党
员，自己曾参军入伍保家卫国并荣立三等功的王建清来说，有着
非同寻常的意义。

4月21日下午1时，王建清步入平津战役纪念馆大厅，他怀着
崇敬与肃穆的心情，随讲解员缓缓踱步于各个展厅。聆听着讲解
员的介绍，王建清对中国共产党人的智慧与追求更加敬佩，也深
切感受到了广大人民创造美好生活的伟大力量。

博物馆的展品众多，大到为人民战争服役过的军舰、飞机，
小至周恩来总理在西柏坡用过的钢笔、聂荣臻将军在前线使用的
毛巾，王建清都一一观览。

这些展品形成了一幅当时历史的生动画卷，让王建清仿佛回

到了那个战火纷飞的年代。看着展馆里由各种老物件串联起的奋斗史，当时的英雄人物为今天国家的安定、人民的幸福流下的热血、汗水与泪水仿佛就在眼前，他们铿锵有力的话语犹然在耳，在王建清内心中荡起千层波澜，激起了他对紧紧跟随革命先烈的奋斗步伐而勇往直前的无限向往。

在参观完平津战役纪念馆之后，王建清来到了周恩来邓颖超纪念馆，缅怀周恩来与邓颖超两位为新中国建设鞠躬尽瘁的革命先辈。两位革命先辈将自己的生命融入中华民族崛起的伟大事业中，在岗位上发出强大的光和热，如此坚定的信念怎么能不让人感到敬佩呢？

这次红色之旅让王建清感慨万千。他深深体会到了老一辈先烈的精神坚守。他心想，自己不能满足于已经取得的成就，而是应不断提高自己的业务水平。自己或许不能像伟人先烈那样干出惊天动地的大事，但可以在平凡的岗位上做好"螺丝钉"，干出不平凡的业绩。尤其是要踏踏实实做好本职工作，在思想和实践上都要认真履行职责，充分发挥劳模精神，不断提高工作的质量，尽自己所能为国家、企业、社会多做贡献。

后来回到公司，王建清始终以革命先辈艰苦奋斗、乐于奉献的精神来鼓舞自己。车辆工厂总装检测车间开展了线上职业技能培训的项目建设，王建清自告奋勇报名担任项目的负责人。为了方便员工居家远程学习专业技能，王建清与"王涛技能大师工作室"的成员制订了职业技能培训工作方案，明确培训对象、内容、方式，多措并举推动线上职业技能培训工作。

在两个月的时间里，以王建清为代表的"王涛技能大师工作室"成员制作了培训PPT教程30份，编辑培训复习题300问，开展培训测试4期，参与线上培训3000多人次。内容涵盖东风商用车最新龙擎动力、DT14/DA14AMT变速器、全自动空调等所运用的新技术、新工艺、新技能，以及高效执行力等内容。

在项目推进期间，王建清每天早上都准时将电子版PPT培训课件、培训复习题和培训测试卷发布至工作室、"王涛班"等的微信群里。学员们也可以将自己所遇到的车辆故障问题发到微信群，和大家一起分析探讨。

王建清采取视频培训的方式，鼓励装调工加紧学习充电，练好工作本领，利用空余时间，系统思考工作内容，补齐自身短板，做到思想先行，学习先行；人不在岗，工作在线。点开一段视频，王建清洪亮的声音传了出来："大家好！今天给大家分享的是东风天龙旗舰D760电气系列培训第一讲。通过本篇学习，可以系统了解和掌握天龙旗舰产品的产品特性和电气布置特点……"

回首过去，方见初心；开拓未来，不改我志。为新时代贡献劳模力量，王建清始终在路上。

春风般的一纸回信

王建清和整个劳模班的同学从来没有想到，习近平总书记能亲自给他们回信。

2018年4月30日，来自北京的回信寄到了他们手上。他们小心翼翼地打开信封，其中一个同学大声读了出来，大家争着抢着凑过去看。在晚上收看《新闻联播》的时候，王建清看到了央视主持人播报了习近平总书记的这封回信，他十分激动，当晚几乎是"一夜未眠"。

他依稀记得当初与劳模班同学一起给习近平总书记写信，汇报学习习近平新时代中国特色社会主义思想的情况，立志不负韶华，当好主人翁，建功新时代。

在信中他们写道："我们牢记，您在党的十九大报告中指出的'建设知识型、技能型、创新型劳动者大军，弘扬劳模精神和工匠精神，营造劳动光荣的社会风尚和精益求精的敬业风气'。您一直对我们产业工人殷殷关怀、满含深情、寄予厚望，我们倍感温暖……

"作为劳模队伍的一分子，我们将牢记您的殷殷嘱托，紧密团结在以您为核心的党中央周围，'撸起袖子加油干'，为推动中国制造向中国创造转变、中国速度向中国质量转变、制造大国向制造强国转变继续贡献智慧和力量，努力谱写我们新时代工人阶级的壮丽华章！"

总书记回信中的话是鼓励，更是大家前行的动力！"社会主义是干出来的，新时代也是干出来的。希望你们珍惜荣誉、努力学习，在各自岗位上继续拼搏、再创佳绩，用你们的干劲、闯劲、钻劲鼓舞更多的人，激励广大劳动群众争做新时代的奋斗者。"习近平总书记所说的每个字平实而充满了力量，说到了他们的心坎儿上，极大地鼓舞和激励了劳模班的同学们。

劳模班的同学们纷纷表达感想："总书记工作很忙，我们写信的时候，真的没想到他会给我们回信。""我们一定会让总书记放心，倍加珍惜荣誉，努力学习，在各自岗位上继续拼搏，再创佳绩。"

中国劳动关系学院本科班成立之目的就在于培养"德智体美劳"全面发展的社会主义新型劳动者典范，做劳动者的标杆、旗帜，以带领更多的劳动者建功立业。

通过中国劳动关系学院本科的学习，同学们的理论知识水平有很大提升。王建清最喜欢学习的理论知识，就是习近平新时代中国特色社会主义思想，尤其是总书记关于劳动的论述，更是说到了王建清的心窝窝里，他讲起来如数家珍。

幸福是奋斗出来的，只有奋斗的人生才称得上幸福的人生，而奋斗本身就是一种幸福。王建清觉得，劳动模范就要在劳动和奉献中淬炼自己，寻求生命的真谛，寻找真正的快乐、富足和幸

⊙ 2018年，王建清在学习习近平总书记给劳模班回信精神交流会上发言

福。他下定决心，要通过不懈的奋斗，把工作融入生命历程，把事业镌刻在祖国大地上。

王建清激动地想："我要把现在的激动转化为激情，撸起袖子加油干，争做新时代的奋斗者，努力谱写新时代工人阶级的壮丽华章！"

欢庆祖国七十华诞

一直以来，师傅王涛是王建清的领路者、指南针，成为像师傅王涛那样的人，也成了王建清的梦想。王建清心中的很多梦想正一一变成现实——收到大学录取通知书、参加全国人民代表大会。命运总是给每一个敢于梦想的人以惊喜。令他没有想到的是，有一天他也可以像师傅王涛一样，登临天安门城楼观礼台，现场聆听中共中央总书记、国家主席、中央军委主席习近平的重要讲话，观看国庆阅兵仪式。中华人民共和国成立70周年之际，作为一名劳动者代表，王建清能够受邀赴京参加庆祝中华人民共和国成立70周年大会，心情非常激动和感动，到现在为止他感觉这一切都好像在梦中。

2019年10月1日，蓝天红日下，天安门城楼庄严雄伟。城楼檐下的大红灯笼引人注目，东西平台上的红旗迎风招展，烘托出喜庆的节日气氛。

⊙ 2019年，王建清在庆祝中华人民共和国成立70周年大会现场

　　全体起立，70响礼炮响彻云霄，国旗护卫队官兵护卫着五星红旗，迈着铿锵有力的步伐，从人民英雄纪念碑行进至广场北侧的升旗区。中国人民解放军联合军乐团奏响雄壮的《义勇军进行曲》，全场齐声高唱中华人民共和国国歌，鲜艳夺目的五星红旗冉冉升起，在天安门广场上空迎风飘扬。

　　人民解放军迈着整齐的步伐，喊着嘹亮的口号走过天安门广场，新式火炮、坦克、飞机纷纷亮相，国之重器一一出场。王建清想起了在军营时那个热血沸腾的自己，几十年纵然已经过去，口号声依旧唤醒了他曾是军人的刚毅。"中国，"他心里默念着，"中华人民共和国成立70周年，在中国共产党的正确领导下，中国经历了由站起来、富起来到强起来的重大转变。"

　　激动幸福的泪水始终在他的眼眶打转，为了他自己，更为了中国。几十年来，祖国的发展变化被他尽收眼底。他自己从懵懂无知的倔少年变成了全国劳动模范，而祖国的汽车工业也一天比一天繁荣。

　　中国梦，就是让每一个中国人民梦想成真，而每一个中国人大大小小的梦想，汇聚起来，就是推动实现中华民族伟大复兴的中国梦的磅礴力量。

观礼百年芳华

2021年7月1日上午8时，王建清再次来到天安门城楼旁。和来自全国各条战线的代表们一样，他这次来，是给我们伟大的党庆祝一百年生日的。

已有幸参加过庆祝中华人民共和国成立70周年大会，还能再一次参加庆祝中国共产党成立100周年大会，王建清心中充满了激动和自豪。他心里面深深明白，这份殊荣不单单是给他个人的，这份光荣属于每一位劳动者，是党和人民对坚守在普通岗位上的各行各业劳动者的最高褒扬。

在建党一百周年庆典现场，习近平总书记发表了重要讲话。他在讲话中回顾了中国共产党的艰辛奋斗史和已经取得的辉煌成就，激励全体党员不忘初心，砥砺前行。

总书记指出，一百年来，中国共产党团结带领中国人民，以"为有牺牲多壮志，敢教日月换新天"的大无畏气概，书写了中华民族几千年历史上最恢宏的史诗。这一百年来开辟的伟大道路、创造的伟大事业、取得的伟大成就，必将载入中华民族发展史册、人类文明发展史册！

听到这里，王建清深刻体会到中国共产党人筚路蓝缕、披荆

⊙ 2021年，王建清在庆祝中国共产党成立100周年大会现场

斩棘开创伟业的不易。千淘万漉虽辛苦，吹尽狂沙始到金。如今，我们人民有信仰，国家有力量，民族有希望。身为一名共产党员，作为一个中国人，他内心充满骄傲。

现场，习近平总书记指出：以史为鉴、开创未来，必须团结带领中国人民不断为美好生活而奋斗。江山就是人民、人民就是江山，打江山、守江山，守的是人民的心。

总书记人民至上的话语更加坚定了王建清为人民服务、舍小我为大我的决心。全心全意为了人民，是作为一名拥有近三十年党龄的共产党员、一名全国人大代表的使命。

习近平总书记在讲话中指出，"中华民族迎来了从站起来、富起来到强起来的伟大飞跃，实现中华民族伟大复兴进入了不可逆转的历史进程！""中国共产党立志于中华民族千秋伟业，百年恰是风华正茂！回首过去，展望未来，有中国共产党的坚强领导，有全国各族人民的紧密团结，全面建成社会主义现代化强国的目标一定能够实现，中华民族伟大复兴的中国梦一定能够实现！"

王建清听到这里，感觉浑身上下充满了干劲儿。他心里默默发誓，一定要不忘初心、牢记使命，为这个伟大的时代留下更多自己奋斗的印记，以只争朝夕的使命感，瞄准未来汽车制造发展科技前沿，努力学习、埋头苦干。

太阳的光辉洒在天安门广场上，微风习习，五星红旗迎风飘扬。听着习近平总书记的话语，王建清望向远方，眼中充满了希望。

既要"代"又要"表"

怎样当好一个人大代表，是王建清一直苦苦思索的问题。经过长期的实践和总结，他有了自己的理解：当好人大代表，就是既要"代"又要"表"。代者，就是处处为人民代言，想人民之所想，言人民之心声；表者，就是处处起表率作用，言为士则，行为世范。

为人民代言，王建清做到了敢于"挑刺"，为自己代表的群体代言。

2017年12月9日，在湖北省十堰市张湾区第九届人民代表大会会议现场，作为区人大代表的王建清提出了关于打造旅游精品线路的建议，得到有关部门的高度重视。

半年后，该建议落实单位的两名工作人员来到东风商用车有限公司总装配厂，拿出代表建议办理征询意见表，反馈建议办理落实情况，征询建议办理结果满意度。

而在此前一星期，王建清就驾车对该区相关景点进行了实地探访，认真考察了景区各项指标的落实情况，发现了基础设施建设不完善、旅游景观特色少，难以真正吸引游客等等问题。"你们的反馈与我了解的情况之间，还存在差距。"王建清本着实事

⊙ 2019年，王建清（左一）作为人大代表开展调研（1）

求是的原则，在意见表上勾选了"不满意"。

但王建清并没有草草填完表了事，而是把工作人员留了下来，和他们促膝而谈，找准现存的问题和不足，提出有针对性的改进办法。看到王建清如此认真的态度，两位工作人员都忍不住感叹："我们张湾区有您这样负责的代表，人民可盼着蒸蒸日上的好日子啦！"王建清拍拍工作人员的肩膀，爽朗地说："我们代表和政府一条心，只有脚踏实地、真抓实干，人民的生活才能越来越好！"

在王建清提出不满意的意见时，身边就有人劝王建清别太较真，既不要给别人添乱，也别给自己惹麻烦，做个和事佬就好。

王建清听了这话，坚定地说道："我是人大代表，我为人民代言，不是为自己牟利。必须摒弃'过得去''差不多'的思想观念，才能更好地履职尽责。我当人民的代表，就从来不害怕得罪人。"

在王建清看来，人大代表要敢于"挑刺"、善于"挑刺"。人大代表不仅要能够提出批评，还要成为建言者。不仅要提出哪里有问题，更要通过调研，提出具体可行的解决措施和方法。这样才是对政府真正的支持，对人民真正的负责任。

2018年10月的一天，王建清所提建议落实单位的负责人驾车载着他沿着乡村旅游精品线路行驶。整条线路上秋叶斑斓，乡村如画，道路平坦整洁，村庄错落有致，目之所及皆是美景，形成了由点到面、一线串珠的全域旅游发展格局。看着眼前掠过的一幕幕美景，王建清欣然在意见表上勾选了"满意"。

⊙ 2019年，王建清（左）作为人大代表开展调研（2）

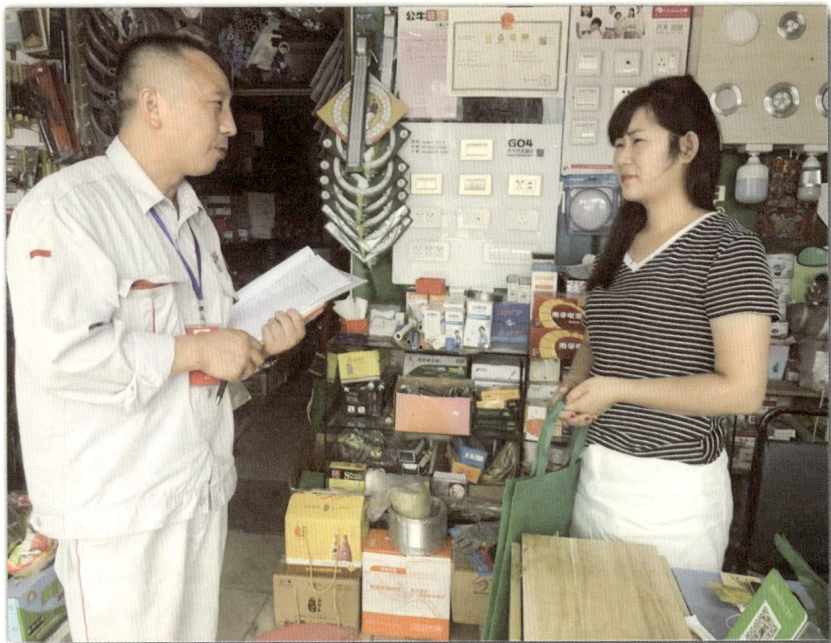

⊙ 2019年，王建清（左）作为人大代表开展调研（3）

王建清是来自汽车生产一线的工人代表。持续为汽车产业和工人代言，是王建清当选人大代表后的主要履职内容。

2018年，他提出国家制定政策落实技能人才薪酬待遇的建议；2019年，他提出技能人才薪酬待遇加快落实的建议；2020年，他提出通过职工文化建设让产业工人凝心聚力的建议；2021年全国两会现场，他又提出了关于加强新时代班组建设的建议。

这些年来，王建清心系自己的家乡"汽车城"十堰市的发展，先后提出了推进"商用车之都"产业化发展、加快"车城文化"建设，以及推进十堰市场馆建设等二十多项高质量建议。通过这些建议的办理落实，十堰市加快市区联动、政企互动，按照"以车为魂、以水为媒"的思路，充分挖掘汽车文化优势资源，规划布局了东风工业遗址博物馆、东风1969文化创意园、张湾区"四馆一中心"等核心项目，加快推进了"发展汽车文化产业、提升商用车之都城市品位"的进程。

在当选人大代表后，王建清除了积极建言献策之外，还多次走入社会各阶层，来到老百姓身边，搜集各行各界对十堰发展的期盼，聆听一线产业工人的心声，关心"左邻右舍"的生活小事。

在走访调研中，王建清了解到张湾区西部陈坡垃圾场污染问题长期困扰沿线群众，他联合区镇人大代表、市区环卫部门、垃圾场负责人、村干部等现场调研，共商治理举措，次生污染顽疾终被解决。脱贫攻坚期间，他走访张湾区山山水水、沟沟岔岔，积极为乡村产业发展和农民增收致富想办法、找出路。

在工作和生活中，王建清更是做到了"表"，处处身先士卒，起着模范带头作用。

在自己成长为技术工匠的同时，他充分发挥"劳模创新工作室"示范、引领和辐射带动作用，带领班组成员把创新与工位器具改进、工艺流程改善等生产难点问题结合起来，自制非标工具60多件套，仅2018年至今就完成了310多项创新改善项目，累计创效超2000万元。班组成员的快速成长，让王建清更加确定了自己"加强新时代班组建设，弘扬和传承劳模精神、劳动精神和工匠精神"的建议和主张。在他的言传身教下，一批年轻的一线产业工人正向着新时代工匠奋发成长。

一名劳动者的精神

区区几万字，道不尽王建清一路成为劳动模范的历程中每一件发光发热的小事。

从学校里热心搜集树种、投身卫生劳动的小男孩，到驾校里刻苦学习知识、勤练操作技术的青年；从军队里拿下密码转译比赛第一名的士兵，到东风公司里独当一面的装调专家。王建清从1993年入职东风汽车公司总装配厂起，这三十年来坚守在生产一线的岗位上，不仅练就了一身炉火纯青的专业技能，更展现出一名优秀工人闪闪发光的精神品质：

是踏实做事，不尚空谈，行之则已，无愧于心的实干精神；

是专注于打造优质产品，为中国品牌增光添彩的担当精神；

是勇于创新，力求完美，精益求精，勤耕不辍的工匠精神；

是爱岗敬业，争创一流，艰苦奋斗，甘于奉献的劳模精神。

通过这些精神，我们依稀能够看见王建清在生产线上指导员工学习装调技能的身影，听到王建清在培训时耐心而专业的讲解声音，感受到王建清一直以来对自己的高标准、严要求。

三十年汽车装调工生涯，王建清亲历了国内商用车行业的巨变，对于这份工作也有了新的认识。东风商用车提高新车型的产品迭代速度，要求汽车装调工具备强大的学习能力和适应能力。王建清说，作为一名技术工人，未来，他也要紧跟时代，完成从"汽车装调工"到"客户体验师"的转变，立足岗位、竭尽所能为客户提供最优质、可靠的体验。

就在2022年4月，随着东风工厂品牌向上战略的落实，王建清有了一个新的身份——东风商用车有限公司车辆工厂"建清客户体验班"首任名誉班长。在中国制造高质量发展的新时代，东风积极推进"工厂站位"向"客户站位"的转变，正响应了"干就干第一，当就当标杆"的口号，以价值创造为本，满足人民越来越显现化的汽车需求，让客户使用东风产品时安心放心，弘扬工匠精神，铸造时代精品。

王建清认为，面对新的时代新的责任，客户体验师就是要"具有客户的视野，改善的思维，追求精品无止境的精神。"而他之所以能够成为劳动模范，就是因为他在每一次最平常的工作中，都比周围的人更努力了一点儿，比别人更早、更勤奋了一点儿，积小功以成大事。

作为一名共产党员，王建清的初心朴实而纯粹——当一名好工人。当谈到工匠精神时，王建清真诚地说："工匠精神其实没那么复杂。立足岗位干好一点一滴，把简单的事情做好，做到极致，你就是一个好工匠。就像我们'王涛班'班训说的那样——当工人，就得好好干活，干出点名堂。"王建清在东风公司始终遵循着这条朴素的班训，始终践行着工匠精神、劳模精神，立足本岗，精益求精，用双手和智慧制造高质量的汽车产品，为东风增辉，为汽车产业添彩。

致敬王建清，就是致敬那些和他一样质朴的劳动者，致敬身边勤恳工作的每一个人。他们虽然处在普通的岗位，做着平凡的事业，却倾注了全部的心力。

中国需要千千万万个"王建清"，来实现中华民族伟大复兴的中国梦。而当我们在现实中迷失、在人生的路口徘徊时，不妨想想王建清。只要劳动，只要"撸起袖子加油干"，就能在奉献中获得简单的幸福，实现宝贵的价值。

愿王建清的故事和精神，在更多人的心中荡起感动与启发的涟漪！愿你我都能沐浴在劳动的灿烂阳光下，一步一个脚印，坚定地走出一条宽阔的大道！